后浪出版公司

PLAYING SMART

人工智能如何玩游戏

On Games, Intelligence, and Artificial Intelligence

JULIAN TOGELIUS

[美] 朱利安·图吉利斯 著

翟文 译

民主与建设出版社

·北京·

目　录

contents

序言：人工智能和我

我妈对猫过敏，于是我不得不把我养的几只猫送人，当时我 11 岁。对于这场分别，我当然十分伤心，但是也没有那么伤心，要不然我也不会接受 Commodore 64[①] 作为补偿，好让我对这场分别不去过于抵触。Commodore 64 在 1990 年就已经是过时的电脑了，如今只有博物馆或嬉皮士才会拥有一台仍然可以使用的 Commodore 64 了。

我很快就沉迷于 Commodore 64，把猫抛在脑后，显然电脑比猫更能与我互动，也更容易理解。或者说我总能找到

---

① Commodore 64：Commodore 是与苹果公司同期的个人电脑公司，曾经创造了一系列奇迹。Commodore 公司于 1982 年推出的 Commodore 64 是吉尼斯世界纪录中最畅销的单一电脑型号。1994 年 Commodore 停止生产并宣布破产。

暗示，去理解它。收到电脑时，我还收到了十几盒磁带，那上面有各种游戏。盒式磁带加载游戏的时候要花好几分钟，还常常加载失败，实在考验一个 11 岁小孩的耐心，但这些游戏包含的可能性却令人惊叹。虽然我当时还不懂编程，但我知道电脑遵循一套严格的规则，它不是魔法变的，这一点令我神往。我也因此明白了这些游戏的局限性。比如，游戏中的某些行动总会激发特定的回应，某些情节也总是以相同的顺序发生，观察到这一点就能很轻易地在游戏中获胜。《吉娜姐妹》(Giana Sisters) 第一关的最后时刻会遇到一只凶猛的巨型蚂蚁，受限于那个时代的硬件，这只蚂蚁的行动模式极其简单，但是这没有打击到我，我仍然迫切地想要打倒它通关。

你可能会认为这些游戏所呈现的丰富复杂的世界只存在于我的想象中，在电脑的内存中它们并不如此。我当然知道，不管我怎样行动，《吉娜姐妹》中的巨型蚂蚁都只会往前两步再后退一步；也不管我在屏幕的哪里，《防卫者》(Defender) 里的敌方宇宙飞船只会走直线攻击我。但我希望这些游戏中有更多的东西，我希望在这些游戏中探索无尽的秘密世界，找到拥有自己生命的角色，以及有一个永无止境的宝库等着我去发现。最重要的是，我希望游戏中有我无法预料的事情，同时这些事情对游戏中的所有人都具有意义。

相比之下，那几只猫是变幻莫测的，种种迹象都表明它们有自己的生活，那种生活我知之甚少。但有时候他们又非常好懂，拉一拉绳子，它们就会扑过去，打开一个猫罐头，它们就会蜂拥而至。在我花了一段时间了解这些建立在某些规则之上的电脑游戏之后，我开始好奇猫的行为是不是也可以用相同方法去解释。猫的思维也是建立在某些计算规则之上的吗？如果是这样，人类的思维是不是也有规则？

我想自己做游戏，于是自学了编程。我用暑假打工的收入买了一台性能更好的电脑，并在这台电脑的硬盘上找到了一种如今已经过时的程序语言 Turbo Pascal，那时我 13 岁。最开始我只是改动别人写好的代码，看会发生什么结果，慢慢地，我学会了自己写游戏代码。很快我就发现，要做好游戏很难。设计游戏很难，要在游戏中创造一个具有一定程度的智能行为的代理（agent）更是难上加难。

读完高中后我就完全不想再接触数学了，因为我的数学一塌糊涂，我讨厌数学。① 我只想了解心智思维，于是我去隆德大学学了哲学和心理学。我逐渐意识到，要理解心智思维，我就得自己建一个，于是我转到计算机科学专业，开始

① 我从未和数学和睦相处。通常人们认为要想在计算机科学领域取得成功，你需要擅长数学，但这是一种误解。

学习人工智能（AI）。我的博士专业又回到了研究动物。我们可以在"简单"动物（没有多少脑细胞的动物）身上观察到一些行为机制并用来控制机器人，也可以模拟自然演化，学习这些机制，这都是我感兴趣的点。问题来了，这类实验需要千万次的重复，耗费的时间太多。而且，机器人时常会崩溃，需要维修，因此实验时我需要随时待命，做一名机械师；但我对维修机器人不感兴趣，这种物理机器无聊又烦人，令人兴奋的是这些机器人背后的理念。

我突然想到，我可以用游戏替代机器人。用游戏来做实验比机器人更省钱更简单，实验进展也会更快。而且，玩游戏会遇到很多挑战，都是人类非常关心的挑战，这绝对值得关注。于是，当我的朋友都在实验室里用笨拙的机器人做实验，时不时地要给机器人维修，更换电池时，我却在玩赛车游戏、《星际争霸》（*StarCraft*）和《超级马里奥兄弟》（*Super Mario Bros.*）。我当然玩得很开心，在游戏过程中，我逐渐意识到我们不仅可以用游戏来测试改进人工智能，也可以用人工智能来改进游戏。AI 可以用于游戏，游戏也可以用于 AI。举个例子，我们可以用人工智能方法（AI methods）自动生成游戏关卡吗？我认识到用现代 AI 方法改进游戏的可能性很大，于是开始思考游戏设计，以及怎样用这些现代 AI 方法设计游戏，也开始思考人类大脑中的思维。

　　绕了一大圈，我又开始通过游戏思考智能和人工智能，通过智能和人工智能思考游戏，就像我 11 岁时所做的那样。可以说，我生命的大部分时间都在用某种方式思考这些相互关联的主题，我想我至少学到了一些东西。我希望自己能够在这本书中清晰地传达我的热情以及这个研究领域的实质。

这本书讲了什么？

这是一本关于游戏、智能和人工智能的书，尤其是关于这三者如何关联的书。我会解释游戏如何帮助我们理解智能是什么，人工智能是什么；同时也会解释人工智能如何帮助我们理解游戏；我还会解释人工智能如何帮助我们做出更好的游戏，以及游戏又会如何帮助我们创造更好的人工智能。我在整个职业生涯中都深信游戏、智能和人工智能有着深度复杂的交缠。我写这本书就是为了让你了解这些主题。

这是一本科普书，因此不要求你有相关的学科背景，甚至不要求你熟悉这个领域。你不需要知道任何关于人工智能的知识，虽然我会在书里介绍一些重要的算法，但书里没有任何数学符号，即使你只是对这些算法的描述部分一扫而过，也能完全明白我要说什么。如果你熟悉基本编程概念当然能更好地理解本书，但这不是必需的。你也不必知道游戏研究、游戏设计、心理学等方面的知识，你唯一需要具备的是对游戏感兴趣，并且偶尔也玩一玩游戏，玩什么游戏都行。

也就是说，这本书的读者既可以是对游戏和 AI 感兴趣的普通大众，也可以是对 AI 了解不多的游戏相关从业者（设计游戏的人、研究游戏的人等）。如果你已经了解 AI，也会在其中找到阅读的乐趣，不过你可以跳过其中一些内容。

这本书也表达了学术观点，或一些其他观点，即游戏在人工智能研究中一直以来都很重要，甚至可以说是一个重要推动力。如今，测试 AI 做出选择的标准从棋盘游戏逐渐转向电子游戏，玩电子游戏也在不断普及，游戏在人工智能研究中的作用越来越突出，这都使我们能够测试程序的一般思维能力。反之，人工智能在游戏中一直以来也很重要，虽然许多游戏开发者对 AI 研究一无所知，不过我很乐意看到未来 AI 在游戏（尤其是电子游戏）中发挥重要作用，因为 AI 方法具有某些优势，也因为一些新的理念——AI 将会在游戏中扮演怎样的角色。以前，我们默认 AI 在游戏中的作用仅仅是决定了游戏中那些由电脑控制的角色会如何行动，如今我们已经知道 AI 可以用来了解玩家，通过改变关卡来帮助玩家适应游戏，甚至可以帮助我们创造新的游戏。

我在本书中有三个主要观点：

1. 游戏是 AI 的未来。游戏为 AI 提供了最佳测试基准，因为游戏设计的目的就是挑战各种不同的人类认知能力，同时游戏也具有技术上的便利性，并且有助于我们获得人类数据。我们才刚刚开始涉足基于游戏的 AI 基准测试。

2. AI 是游戏的未来。与几年前相比，我们现在已经拥有了更加强大的 AI 方法，我们正在快速学习如何将它们应用到游戏中去。AI 在游戏中的潜在作用远远超过其他技术。我们需要改进游戏设计的思维，充分利用高级 AI 算法的功能，做出新一代 AI 增强型游戏。

3. 游戏和游戏中的 AI 有助于我们理解智能。学习人类如何玩游戏和设计游戏，我们能够理解人类如何思考，我们可以尝试通过 AI 代理来玩游戏、设计游戏，以便重复这些思考。游戏设计是一门认知科学，学习的是思维——人类思维和机器思维。

本书的注释很随意。我把所有可能打断文本的内容都塞进注释里，尤其是引用，我把它们都塞进了注释。如果你不想看，完全可以忽略。

为了使本书对于学术象牙塔外的大众来说更具可读性，我所用的语言是非正式的、轻松的，甚至带点玩笑。当然我本来的写作风格就是如此。我以为，大部分学术写作都没有必要正襟危坐，这样很无趣。不过我敢保证，书中的内容都是真实的，我使用了很多主动时态，甚至用了很多第一人称单数代词。

以下我将带你看看本书概览。第 1 章从头开始讲起，介绍了电脑的起源，一些古老的游戏，以及基本算法。第一位计算机科学家的目标是开发一个能够玩传统棋盘游戏（比如国际象棋）的程序，因为棋盘游戏被认为包含了智能的核心。最终，我们成功开发出了软件，它在所有棋盘游戏中都能打败人类。但是这真的意味着这些软件就是有智慧的吗？于是第 2 章提出了这样一个问题：玩游戏（或者说玩好游戏）需要具备智能吗？似乎游戏不仅能通过各种方式锻炼你的大脑，还能教你如何玩游戏。实际上，设计精良的游戏与人类的能力相适应。但是如果游戏要引出人类智能，没有智能的算法又如何能办得到呢？第 3 章深入挖掘了这一问题：游戏程序是否可以是（或具备）人工智能，如果它不是或不具备，人工智能又究竟是什么？有那么几个观点是关于智能和人工智能的，但是这些观点都有各自的问题。虽然我们仍然无法得知智能或人工智能究竟是什么，但至少我们已经知道它不是什么。

接下来，第 4 章我们会来看看在现代电子游戏中我们可能会遇到哪种人工智能。我会介绍一款标准设计游戏中的一个重要算法，指出目前游戏 AI 的一些局限。我们可以想象一下，如果 AI 突破了这些局限，它在电子游戏中将会是怎样的？我会试着描述一下突破局限的 AI，也试着解释一下为什么我们还不具备这样强大的 AI。这与当前的 AI 研究很有关系，也与当前的游戏设计和游戏开发实践有关。接下来的 3 章我会讲一讲人工智能应用于游戏的新方式。第 5 章介绍了如何使用生物（演化）和心理学（强化）的原则来使非玩家角色（NPC）在游戏中通过经验学习。第 6 章描写的是游戏如何学习玩家，适应玩家。第 7 章介绍了人工智能如何发挥创造性作用，构建或生成游戏中的一部分或整个游戏。像这样将 AI 应用于游戏并不属于标准的游戏设计或游戏开发实践，因此第 8 章我们会关注如何设计具有有趣功能的人工智能。倒数第二章，也就是第 9 章，我们会再次讲到用游戏来测试人工智能。基于前面 8 章的讨论，我会讨论用电子游戏来测试和开发人工智能。最后，第 10 章会回顾我在开头提到的三个主要观点，展示应用于游戏的人工智能的进步与应用于人工智能的游戏的进步是相互依存的。如果读完本书你还想知道更多关于游戏、智能和人工智能的书，那么在第10章后面还有一个延伸阅读列表，里面列举了一些书籍、会议论文集和期刊，它们能够满足你的好奇心，让你可以开始自己的研究。

第 1 章

人工智能诞生之初，就有游戏

第一批数字计算机出现在 20 世纪 40 年代末到 50 年代初（看你怎样定义计算机），它们很快就被用来玩游戏。实际上，计算机出现之后，就有人写了游戏程序并运行，这一切都是用纸笔完成的，因为当时还没有足够强大的计算机能够运行这一程序。这位急切的发明家（以及玩家）就是艾伦·图灵，他是计算机科学和人工智能之父，这一年是 1948 年，图灵编写的游戏是国际象棋（见图 1-1）。图灵和他的一位好朋友一起用他写的算法下棋，走棋都是手动的，他们充当了一台计算机。[1]

---

[1] 图灵在一篇文章中记录了这件事情：Turing et al.（1953）。

为什么是国际象棋？国际象棋是一款有很长历史的游戏，规则简单，容易写成文字和计算机代码，玩的人也多。由于某种原因或某些原因，国际象棋一直以来都很受重视。也许是玩国际象棋的人很少（甚至从来没有）是为了钱而玩（这反过来又可能是没有机会），因为国际象棋不像玩纸牌那样可以隐藏信息，玩国际象棋的时候棋手可以看到整个棋盘；也可能是因为国际象棋具有深度，玩游戏可以从中学到很多东西，不断提高游戏水平。游戏包含多种不同的策略，而大师级玩家往往都具有可识别的游戏风格。

图 1-1　国际象棋在人工智能研究中具有核心地位，而在此之前国际象棋已经存在了数千年（由 Wikimedia Commons 根据知识共享许可协议 3.0 提供）。

因此，在人工智能研究之初就把国际象棋作为一个重要研究问题并不是一件难以置信的事。令人难以想象的是，即使不具备真正的智能也玩出了高水平，因为下国际象棋需要提前谋划、判断棋盘上的棋子的真实价值、理解对手的想法、预测对手的举动。下国际象棋似乎近似纯粹的思维。除此之外，你还能想到其他类似的需要智能的活动吗？我们可以自然地假设，如果能构建一个程序使它成为国际象棋大师，那我们就可以解决人工智能的问题了。因此，人们必须解决这个定义明确的问题。

虽然图灵可能是第一个执行国际象棋程序的人，但许多其他研究人员仍将此视为一个重要主题。国际象棋游戏已发展成为一个充满活力的人工智能研究子领域，有很多会议、期刊和竞赛致力于研究与开发国际象棋和其他棋盘游戏的软件。棋盘游戏给人工智能带来了好几项重要发展，例如 1959年 IBM 的计算机科学家亚瑟·塞缪尔（Arthur Samuel）发明了如今被称为强化学习（reinforcement learning）的第一个版本，它使跳棋程序能够从经验中学习。[1]

第一个国际象棋游戏程序被开发出来的时候，许多人认

---

[1]　Samuel（1959）.

为计算机程序永远无法与大师级的人类玩家匹敌，因为这些程序仅仅是代码，而人类具有智能。请注意，国际象棋是一款复杂的游戏，需要智能才能玩。

但经过数十年的专门研究，国际象棋游戏软件变得越来越强大。尽管一开始这些程序连初学者都搞不定，但他们逐渐超越了中级棋手，并接近了大师级的棋手。这都是因为有了更快的处理器和更大的内存，当然也与软件的改进有很大关系。本质上，国际象棋程序的基本算法在不断改进和完善。

1997 年，国际象棋软件的发展终于赶上了人类的先进水平（人类的水平一直在缓慢进步）。在一次广为人知的比赛中，IBM "深蓝"（Deep Blue）国际象棋计算机与当时的世界冠军加里·卡斯帕罗夫（Garry Kasparov）进行了对抗，"深蓝"获得了胜利。[①] 机器征服了国际象棋，这个事件引发了人们对智能和人工智能的热烈辩论。大多数观察者认为，"深蓝"根本不是真正的智能，因为它的外观和功能都不像人脑。"深蓝"的核心是一个简单的算法，它与图灵在 20 世

① 想对这场比赛和赢得比赛的系统了解更多，可以参见 Campbell Hoane，Hsu（2002）。值得注意的是，开发出更好的计算机国际象棋软件从未止步于此，计算机一直在进步，运算速度不断发展，如今你也可以在自己的个人电脑上下载国际象棋软件，它们下得比人类玩家更好。

纪 40 年代发明的算法完全相同，只是更花哨了而已。那么它是怎样运行的呢？

计算机怎样下棋

几乎所有棋类程序采用的都是极大极小算法（Minimax Algorithm）的某些变体。实际上，这是一种非常简单的算法，它的作用原理基于棋盘状态和走子（move）的概念。其中，棋盘状态是指棋盘上所有棋子的位置，走子指从某种状态到另一种状态的转变，例如兵卒向前走两步，棋盘状态就会改变，与走子之前有些相似但又不同。基于棋盘状态，棋手可以怎样走子非常清楚。平均而言，棋手可以采取的走法有 35 种左右，而在第一轮中，棋手可以选择的走法有 20 种。有时候，棋手只有唯一的走法或两种不同走法，此时棋手通常是遇上了难题。极大极小算法假定你能记住许多种棋盘状态，或者说，可以保留许多个游戏副本。（对于现代计算机来说，这毫无难度，因为国际象棋的棋盘状态只占用几个字节。）

极大极小算法还假定你能够评估棋盘状态的值（或优劣）。你可以把棋盘状态的值看作你在棋盘上的棋子数减去对手还留在棋盘上的棋子数。如果结果为正数，则你可能领先。

那么，极大极小算法的原理是什么呢？想象一下你执白棋，正面临某种棋盘状态，此时你可以采取的最佳走法是什么？首先，你要列出当前棋盘状态下能够采取的所有走法，然后模拟每一种走法并记住走子后的棋盘状态。目光短浅的棋手会停在这一步，估算每个棋盘状态的值（例如计算留下的棋子数），选择值最高的棋盘状态，以及相应的走子。这就是极大极小算法的"极大"。

这样做的确是鼠目寸光，因为能立即获得优势的走子（例如吃掉对手一个棋子）可能会给对手提供一次或多次反击的机会，对手会吃掉你更多的棋子，于是短时间内的优势会很快转变为灾难。玩过国际象棋的人都知道这一点。因此，你需要根据第一步走子之后的每一种棋盘状态，列出对手所有可能的走子，并评估对手走子后的棋盘状态。这样做与第一步的主要区别在于，第一步中你只找出了最有利于自己的走子；而在第二步中，你假设对手将采取最有利的走子，但对你来说却是最不利的走子。只要你的对手有机会吃掉你的棋子，他就一定会这么做。这就是极大极小算法的"极小"。组合起来，对你来说最好的走子就是最小化你的对手在回合中可以达到的棋盘状态最高值。实际上，对于你在该回合中可能采取的每一种走法，都决定了对手在第二回合中的走子可以达到的最低棋盘状态的值。

这样你就往前看了两个回合。那么，这种巧妙的策略——让对手在他的回合中吃掉你的一个棋子以便你在下一个回合中吃掉他更多的棋子——是什么呢？你可以再次用极大极小算法，假设对手会假设你采取使自己受益最大的走法。你也可以一直用极大极小算法，直到模拟棋局结束。实际上，如果你一直模拟到棋局结束，探索所有走子以及走子后对手的反应，就会得到可验证的最佳策略，这种策略无法再改进。也就是说，你的国际象棋技艺将完美无瑕。

但你不可能一直模拟到棋局结束，因为你没有这个时间。假设你在某种棋盘状态下可以选择的走子有 30 种（国际象棋中局时可选的走子大概就是 30 种），那么在模拟棋局的每一个回合中你将面临多少种走子呢？你需要将评估的每一种棋盘状态都乘以 30，换句话说，你需要评估 30 的 t 次方种棋盘状态，其中 t 表示你往前思考了多少个回合。如果是往前看了 5 个回合，那么大概有 2 400 万种棋盘状态，你面临的棋盘状态的数量将接近地球上的原子数量，简直是天文数字。在可预见的将来，我们都不可能制造出任何计算机来模拟到棋局结束，因此需要一种巧妙的方法来评估棋盘状态的值，你可能必须满足于仅向前看几个回合。实际上，国际象棋游戏代理会模拟到一定程度，评估可能出现的棋盘状态，而这些棋盘状态通常既不是赢也不是输。幸运的是，在国际象棋中，评估棋盘状态可以使用简单的办法，比如白方和黑方的棋子数量之差，尽管如今也开发了许多更复杂的方法。

极大极小算法被认为是一种树搜索算法，不是因为它能让你摘到樱桃树上最美味的樱桃，而是因为它找出最佳走子的搜索路径就像逐渐伸展枝叶的树，只不过这棵树是倒着长的。你可以这样思考，树的根部是原始的棋盘状态，你要寻找的是最佳走子。从这个原始状态开始的所有走子就是从根部长出来的分支。每个分支的末端是走子后的棋盘状态。当然，从这些状态开始的走子又延伸出新的分支，这个过程可以一直持续，直到你不再思考走子并开始估算最终棋盘状态的值。用一个不太精准的类比来说，这些最终的棋盘状态被称为"叶子"（计算机科学家显然不是以类比出名的）。每种棋盘状态下可行的走子次数被称为"分支因子"。

当然，这一方法自 20 世纪 40 年代艾伦·图灵首次提出以来经历了多次改进，增加了一些"修剪"方法，这样一

来，我们就不必评估每一种棋盘状态。有一些方法可以集中
处理最有价值的走子序列，还有一些方法可以更好地评估棋
盘状态的值。但极大极小算法仍然是所有成功的国际象棋比
赛程序的核心。

围棋突围

在欧洲文化中，我们玩的是国际象棋，但在东亚文化
中，他们玩围棋。[①] 和国际象棋一样，围棋也是两人对弈，
一人执黑一人执白，谁都能看到棋盘上的棋子（完美信息），
不存在随机性（见图 1-2）。在有些方面，围棋甚至比国际象
棋更简单，围棋只有 1 种棋子，而国际象棋有 8 种，围棋的
规则也更少，只有两到三个规则（取决于你怎么看待规则）。

令人出乎意料的是，适用于国际象棋的算法在围棋程
序中全都失败了，极大极小算法显然是个差劲的围棋棋手。
原因似乎主要有两个：围棋的分支因子（走子次数）要高
得多，大约为 350，而国际象棋只有区区 35；我们很难准
确估计棋盘状态的值。高分支因子意味着极大极小算法只
能做非常粗浅的搜索，很难准确估计棋盘状态的值意味着

---

① 东亚和欧洲都包括多种文化，但是这两种游戏在历史上流行于这两个地区的多个国家。

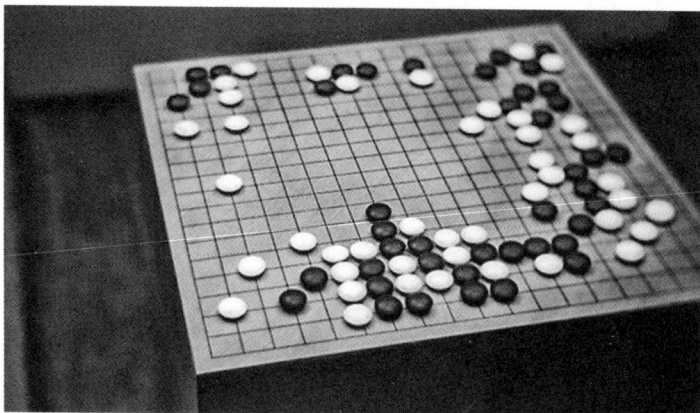

图 1-2　围棋是流行于亚洲的棋盘游戏，相当于欧洲的国际象棋，它规则简单，难度却很大［照片由阮林（Linh Nguyen）提供，基于知识共享许可协议 2.0 使用］。

极大极小算法使用的"信号"更差。很长一段时间以来，我们都对适用于围棋的算法束手无策。在国际象棋程序已经能够达到并超过大师级水平的时候，围棋程序还停留在初学者的水平。

因此，人们征服了国际象棋之后，自然而然将视线转向围棋。围棋似乎比国际象棋要难得多。也许简单的技术无法征服这个游戏？也许玩围棋需要具备智能？

直到 2007 年，围棋程序才开始获得一些真正的进展，研究人员发明了蒙特卡洛树搜索（Monte Carlo Tree Search，简称 MCTS）算法。[①] 与极大极小算法一样，MCTS 是树搜索算法。与极大极小算法不同的是，它具有随机性（它的名字来自著名的摩纳哥赌城蒙特卡洛）。上文我们说到，我们不可能对所有可能的走子进行相同程度的搜索，MCTS 接受了这一事实，选择第一步进行探索的走子，然后再进一步深入搜索，在这个过程中优先搜索最优价值的那些走子。MCTS 不需要通过计算留在棋盘上的棋子的数量来估计棋盘状态的值（这种方法在围棋程序中非常不好用），而是多次随机地玩这个游戏，然后计算赢得"游戏"的百分比。在算法中加入这么多的随机性可能看起来很疯狂，但是从经验上讲，它非常有效。

在深蓝战胜加里·卡斯帕罗夫近 20 年之后，人类在围棋游戏中至高无上的地位也被推翻了。这次是 AI 研究公司 DeepMind（当时是谷歌的一个部门）。在 2016 年的一系列比赛中，DeepMind 的 AlphaGo 击败了全世界最优秀的围棋选手李世石，以 4 比 1 获胜。AlphaGo 基于 MCTS 算法，与神经网络结合，而神经网络花了数个月学习了以往的围棋冠军赛，不仅如此，神经网络还与自己对战（我将在本书后面讨

---

① 想要快速了解 MCTS，可以参见相关的研究报告：Browne and Maire（2010）。

论神经网络)。[1]

围棋是屈服于机器的最后一款重要的经典棋盘游戏，[2]也是最难的一款棋盘游戏。人类在经典棋盘游戏中已经无法战胜计算机程序了，至少在那些人们经常玩的经典棋盘游戏中是这样的。

那么 AlphaGo 具有智能吗？大多数人会说它不具有智能。尽管它的运行方式不同于深蓝，并且包含学习元素，但它仍然不像人脑。有些人会说："它只是一种算法。"而且它只能玩围棋，甚至玩不了国际象棋（不重新训练神经网络的话），自然也就不能开车或写诗。

这就引出了几个重要的问题：只有像人脑一样运行才能称得上智能吗？玩游戏需要具备智能吗？让我们先回答第二个问题。

---

[1]　Silver et al.（2016）.

[2]　在更早的时候，计算机就在其他几款游戏中表现得比人类玩家更优秀。还有一些游戏，比如西洋跳棋，已经被"解决"了，意思是计算机在这些游戏中肯定能比人类玩家玩得更好，见 Schaeffer et al.（2007）。

第 2 章

玩游戏需要具备智能吗

我们来玩个游戏怎么样？你来选玩什么，国际象棋、《超级马里奥兄弟》或《愤怒的小鸟》（*Angry Birds*）都可以。我让你选择，是因为我不知道你对这三类游戏是否熟悉。在上一章中我谈到国际象棋，它是西方世界最著名的棋盘游戏，玩法是在黑白棋盘上走动棋子（国王、皇后、兵卒等）。通过移动棋子，威胁并占领对手的棋子，最终通过包围国王来击败对手。国际象棋从几千年前被发明以来，几乎没有改变过。

《超级马里奥兄弟》是一款平台游戏（platform game），是 1985 年任天堂在欧洲和美国推出的 8 位任天堂红白机

（NES）游戏（见图 2-1）。按一下塑料游戏手柄，你可以控制快活的水管工马里奥避开邪恶的海龟，脚踏吓人的蘑菇人，跳过间隙，收集硬币，并拯救被巨型蜥蜴绑架的公主。任天堂开发了一系列适合其硬件的《超级马里奥兄弟》游戏，销售数量达上亿套，除了合法销售，其他硬件平台还有数十种未经授权的不同版本的游戏。

《愤怒的小鸟》是芬兰 Rovio 公司于 2009 年推出的手机

图 2-1 《超级马里奥兄弟》（任天堂，1985 年）定义了平台游戏。

游戏（见图 2-2）。你用手指在手机屏幕上滑动，操纵各种鸟类弹向各种塔，要让小鸟砸到这些塔，让它们倒塌下来压到那些偷走了鸟蛋的邪恶的绿猪身上。《愤怒的小鸟》最初的版本和后来的无数续作都可以在 iPhone、iPad 和 Android 设备上玩，并且成为这些平台最畅销的游戏。

我猜这三款游戏你都玩过，或者至少看别人玩过。即使没有全部玩过，你也可能已经玩了其中两款，或至少玩了其中一款。万一你真的完全不了解国际象棋、《超级马里奥兄弟》或《愤怒的小鸟》，那我真的要怀疑你是谁、活在哪个世界了。你是未来穿越回来的吗？不管这些，反正我假设你

图 2-2 《愤怒的小鸟》（Rovio，2009 年）是一款物理益智游戏，一经发售就成为最畅销的手机游戏。

会玩某一款游戏。

接下来我想问：你为什么玩游戏？是为了放松一下，让自己开心一下，释放一下自己吗？还是因为玩游戏是与朋友社交的一种方式？玩游戏肯定不是某种形式的大脑锻炼，对吧？不过，我们可以看看你玩游戏的时候实际在做什么。

做计划。玩国际象棋，你要设想一下怎样走子才能取得胜利或吃掉对手的棋子。如果你玩这个很在行，你还会考虑对手的行动以及如果对手没有落入你精心设计的陷阱该如何补救。玩《超级马里奥兄弟》，你要考虑是走上方的路线——这条路线回报多风险也大，还是走更安全的下方路线（见图2-3）。你还需要考虑要不要冒险进入管道，那里可能会有隐藏的宝藏，这取决于你还剩下多少时间以及你有多想通关。你也可以在获得威力提升后穿过障碍墙，释放通天藤蔓，顺着藤蔓爬上云端。玩《愤怒的小鸟》，你要计划将每只鸟弹到哪里，用最少的鸟实现最大的破坏。你可以用蓝色小鸟砸碎冰壁，用黑色炸弹鸟击中破洞，使塔倒塌，最后用红色小鸟终结那头躲藏起来的胆小肥猪。

空间思考。国际象棋的棋盘是一个二维网格，没有被白棋或黑棋占据的单元格就是空地。熟练的棋手只要扫一眼棋盘就能立即看出机会和威胁。比如后受到威胁，就像

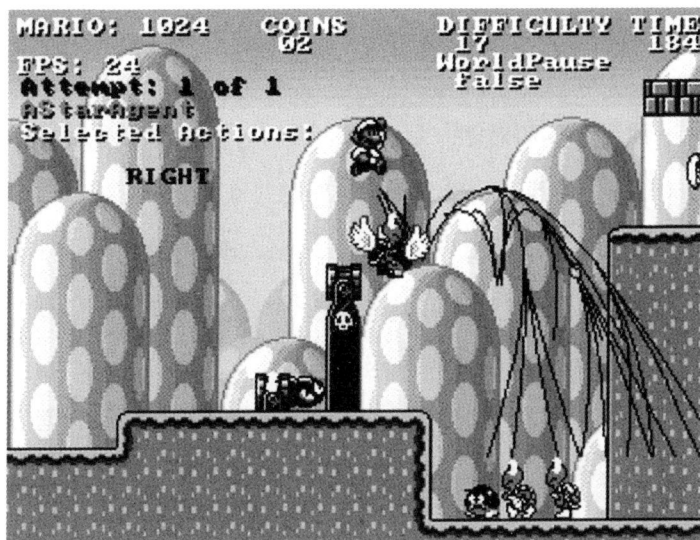

图 2-3　《超级马里奥兄弟》克隆游戏中的一个计划算法（A* 算法的一种，第 4 章会讨论到）。黑色线条展示了各种可行的路径，算法会考虑所有这些路径。

一个 X 出现在一排 O 中一样突出，而马可以移动的位置也显而易见。玩《超级马里奥兄弟》，你需要估算跳跃的轨迹，这样才能跳过间隙，弹开敌人，这意味着跳跃之前要先想清楚。你还需要估计是否要改变马里奥的大小（马里奥可以变大变小）以便通过小孔，还要预测所选的路线通向什么地方。玩《愤怒的小鸟》，你需要估算小鸟的飞行轨迹，有时候这些轨迹非常复杂，涉及弹跳和奇怪的重力，还可能需要确定小鸟能不能通过像素岩石与虚拟硬地之间的狭窄通道。

预测比赛和对手。玩国际象棋的时候，预测对手的行动对赢得棋局至关重要。如果你知道对手会如何应对你的走子，那么你就能完全确定自己的策略会赢。《超级马里奥兄弟》和《愤怒的小鸟》虽然不是对抗性游戏（你不是在与人类对手对抗），但这两款游戏的挑战在于预测环境引发的行为和反应。比如，大炮什么时候开火；如果我跳跃到乌龟的左边，乌龟会朝向哪一面；如果我不跳上平台，怪物蜥蜴会一直前进吗；如果我砸到底部的支撑架，塔会如何倒塌，塔的各部分构件将落在哪里，会砸到那盒 TNT 吗，会顺利产生连锁反应吗？尽管随机性在《愤怒的小鸟》中发挥着重要作用（《超级马里奥兄弟》是完全确定的），但难度主要源于游戏中各个对象之间的复杂交互。

评估自己。"认识自己。"苏格拉底这样说过。他当然不是在谈论国际象棋，也不是在谈论《愤怒的小鸟》，但是玩游戏可以带给你这种宝贵的经历——认识自己。高估自己的技能会使你因鲁莽而招致失败；低估自己的技能则意味着错失机会，因为你会放弃那些能够赢得比赛的冒险策略。另外，你还需要考虑你的情绪影响——你是否由于计划受阻而慌乱；由于成功而飘浮，或是因为对手刚刚吃了你的后而急躁地想要报复？那你真的需要好好管理你的情绪了。如果只是一厢情愿，而没有进行仔细的评估，那你最好不要尝试往前探索 10 步的策略。《超级马里奥兄弟》和《愤怒的小鸟》也是如此，如果你不了解自己的技能水平，将无法在游戏中取得进步，因为你尝试的策略对自己来说太难了。你也可能比其他人更好地执行某些战术，例如跳跃或用马设置陷阱，精确射击或迅速行动围住王。

行动。国际象棋中没有太多的运动技能，除非它退化为斗殴，但其他两款游戏中包含了部分运动技能。玩《超级马里奥兄弟》，你要非常频繁地按下两个键和方向键（D-Pad），方向键有 8 个方向（通常每秒按几次）。玩《愤怒的小鸟》则需要非常精细地控制手指在屏幕上的移动，以使用正确的力量向正确的方向弹出小鸟，并在正确的时间点激活小鸟的特殊能力。在这两款游戏中，这些动作都必须与屏幕画面协调，并且在时间点上恰到好处。这些游戏的感觉运动因素就连 5 岁的孩子也能很快吸收，但他们的父母往往会受挫。

当然，其他游戏有其他挑战。第一人称射击游戏，如《光晕》（*Halo*）或《使命召唤》（*Call of Duty*），在三维空间里挑战你的空间思维，在多人游戏模式下，你将直接面对团队战略的复杂性。《上古卷轴 5：天际》（*Skyrim*）和《质量效应》（*Mass Effect*）等角色扮演类游戏需要你去了解复杂角色行为背后的动机，解决道德困境，驾驭危险的政治（至少遵守游戏规则的情况下你会面临这些挑战，虽然你乱射一通也可能取得较好的成绩）。诸如《模拟城市》（*SimCity*）和《运输大亨》（*Transport Tycoon*）这类模拟经营类游戏要求你了解并影响复杂的经济系统。

　　我们可以用心理学或更准确地说用心理计量学中的一些认知能力的列表，来描述每一种游戏包含了哪些认知挑战。然后，我们可以尝试弄清楚不同类型的游戏需要（或不需要）哪些认知能力。卡特尔 – 霍恩 – 卡罗尔（CHC）智力理论将智力（智能）分为 11 种不同的"广义认知能力"，并进一步将其细分为许多更专门的认知能力。[①] 这种分类法基于对数百种不同认知测验的统计分析，并在心理计量学领域被广泛接受（尽管随着新的经验证据的出现，研究人员对分类进行了修改和完善）。

　　表 2–1 列出了 CHC 智力理论的 11 种广义认知能力，并给出了包含相应认知挑战的游戏。请注意，这不是完整的列

---

① 该理论具体可参见 Carroll（2003）。

表，我只是列举了第一个出现在我脑中的例子，尽可能地列举不同类型的游戏。我认为几乎所有游戏都至少利用了 5 种不同的认知能力（《超级马里奥兄弟》《愤怒的小鸟》和国际象棋当然也是如此），但这只是我的想法，我不知道是否有人在研究它。这确实值得研究。

　　总之，我们在玩游戏时或多或少都要使用不同形式的智能。这听起来很艰苦，但有意思的是，玩游戏实际上会让你放松，事实就是如此。（写作本书的时候，我时不时地要玩一会儿游戏放松一下。）

表 2-1　CHC 智力理论的 11 种广义认知能力以及它们在游戏中的应用案例

广义认知能力	游戏中的应用案例
理解力	在各类多人游戏中与各种玩家交流，如《桥》(Bridge)、《战争机器》(Gears of War) 和《魔兽世界》(World of Warcraft)。
流体推理	将证据与疑点相结合，如《逆转裁判》(Phoenix Wright)；或解决谜题，如《消除 7》(Drop 7)。
数理知识	控制包含大量量化数据的复杂系统，如《模拟城市》；或管理角色，如《龙与地下城》(Dungeons and Dragons)。
读写能力	在角色扮演类游戏中阅读游戏说明，进行对话，选择对话框，如《质量效应》；或在文字冒险中编写指令，如《魔域帝国》(Zork)。

续表

广义认知能力	游戏中的应用案例
短时记忆	应用广泛，比如在德州扑克中记住纸牌，以及《炉石传说》(Hearthstone)。
长时记忆和提取	回想以往的游戏经验，获得策略上的洞见，应对新的游戏，如国际象棋和《星际争霸》。
视觉处理	发现匹配的图像，如《糖果传奇》(Candy Crush Saga)；或发现敌人的狙击手，如《使命召唤》。
听觉处理	发现僵尸在靠近，以及从哪个方向在靠近，如《求生之路》(Left 4 Dead)；或偷听秘密谈判，如《外交风云》(Diplomacy)。
处理速度	如在《俄罗斯方块》(Tetris)里准确调转方块的方向；或在《星际争霸》中对战斗进行微观管理；或快速玩国际象棋。
决策/反应时间或速度	应用广泛，比如在《街头霸王》(Street Fighter)中的对抗动作；或在《水果忍者》(Fruit Ninja)中决定切哪一种水果。

玩游戏时你在学什么

我们已经讨论了玩游戏的时候能锻炼哪些个人技能。但不是说只要玩游戏就能锻炼这些技能，毕竟玩游戏不是正襟危坐地上课（如果有这样的游戏，那肯定也不是好玩的游戏），不过你始终在学习。证据就是玩了一段时间后，你玩游戏的水平提升了。这时候你可以试试再回过头去玩《超级马里奥兄弟》或《愤怒的小鸟》最开始的关卡，或玩新手难度的国际象棋程序，你第一次玩的时候曾被它击败，但现在对你来说简直小菜一碟。

著名游戏设计师拉夫·科斯特（Raph Koster）认为，游戏之所以有趣，主要是因为学习。[①]设计精良的游戏会教你怎样去玩，越是擅长教你玩的游戏，越是经过了精良的设计。让玩家乐在其中的正是学习玩游戏的过程，当你停止了学习，也就停止了玩乐。如果游戏中再也没有什么可学的，你也就厌烦了这款游戏。因此，尝试一次就能赢的普通游戏没什么意思，无论如何都无法取得进步的游戏也没有乐趣。相反，精心设计的游戏会提供长期而平稳的难度等级，可以让玩家在游戏中不断学习。这样的游戏易于入手且令人着迷。

例如，玩《超级马里奥兄弟》的时候，你首先必须学习按钮的功能——按下按钮 A，马里奥会跳起来，按不同的方向键，马里奥会向左或向右行走，接着你必须学习如何应对游戏中的各种挑战。"这有个蘑菇来回移动。我要怎么做？啊哈！我可以跳起来踩它！"当你玩到更高级别的关卡，你会发现挑战越来越棘手，但你做了充足的准备来迎接这些

---

① 　科斯特写的《游戏设计快乐之道》（*A Theory of Fun for Game Design*）读起来很有意思。

挑战。

《超级马里奥兄弟》的关卡设计经常被模仿，它基本上是这样的：先来一点基础性的挑战，比如跳起来越过间隙或遇到在两条管道之间来回移动的敌人；接着加入更高级的挑战，但挑战类型还是相同的，比如跳起来越过更长距离的间隙以及遇到更多不同类型的敌人，或将挑战组合起来，比如长距离跳跃后落在敌人中间。玩家每通过一次挑战，都是在学习应对新的更高级的挑战。但是当你认为已经没有新的有意思的挑战的时候，它又加入了新的元素，于是又形成了更多变和更深层次的挑战。《超级马里奥兄弟》加入的这些新的元素包括一个难应付的敌人，出现在后面的关卡中，玩家不能通过跳跃来击败他，也不能跳过他。在现有挑战中增加难应付的敌人会迫使你制定新的策略来应对看起来熟悉但又新鲜的挑战。最后，即使你已经成功通关（在最后一个关卡击败了大反派并营救出了公主），游戏中仍然有许多东西值得你去发觉，包括隐藏的区域和宝藏，以及如何在10分钟内通关（如果你能做到的话）。《超级马里奥兄弟》是游戏设计的杰作，这是受到广泛认可的；它也是教育学的杰作，因为它就像一门深远而有益的课程，你始终可以不断进步。

《愤怒的小鸟》也是这样。你首先要学习用手指弹出小鸟的基本技能，然后学习不同小鸟砸到塔时，会与塔的构件发生怎样的相互作用，以及砸到塔的哪一部分最有效。游戏会不时地增加新的元素、新的小鸟和新的工具，也就增加了新的挑战。即使在国际象棋中，游戏的进展也是类似的，唯一例外的是国际象棋不需要运动技能，并且通过不同的棋局来学习，而不是在同一盘棋的不同阶段来学习。首先，你得学习国际象棋的基本规则，包括如何走子如何吃子，接着学习更高级的规则，但此时你必须精通那些简单的基本规则，包括王车易位和何时算平局。然后，你可以开始学习启发法，[1] 先简单再高级。接下来再学习如何开局（有许多精彩的开局模式可以学），了解特定玩家的偏好和棋路，等等。

　　玩（游戏或其他东西）与学习齐头并进的想法并非游戏设计所独有。发展心理学家列夫·维果茨基（Lev Vygotsky）谈到儿童在玩的过程中的"近侧发展区间"时表示，儿童通常会做一些略微超出他们能力的东西和任务，因为这样获得的收益最大。[2] 同样，创造力理论家米哈里·契克森米哈

---

[1] Elias，Garfield and Gutschera，*Characteristics of Games*，2012。书中对启发式积累进行了详细的介绍。

[2] Vygotsky（1978）.

赖（Mihaly Csikszentmihalyi）的"心流"概念指出，当你做一项有挑战又不使你厌烦，并且难度随着你的表现提升而提高的任务时，就会体验到心流。契克森米哈赖结合艺术和科学创造力发展了这个概念，它同样也适用于游戏。[①] 机器学习研究员于尔根·施米德休伯（Jürgen Schmidhuber）从看似完全不同的角度介绍了好奇心的数学形式化。在他的模型中，一个好奇的代理（人或人造物）会去寻找任务，改进任务模型，从而改善其执行任务的能力。[②] 换句话说，根据施米德休伯的理论，数学上最具好奇心的代理在行为上与小孩子通过玩游戏来了解世界是一样的，或者说它会像一位有远见的玩家那样选择玩自己喜欢的游戏或选择游戏中有趣的挑战。

综上所述，游戏似乎以多种方式挑战人类的大脑，不仅是以某一种方式。精良的游戏旨在通过加大挑战难度或增加挑战来使玩家不断挑战，就像一种教学方式。学校应该注意这一点（想必有些学校已经注意到了）。精良的游戏（我们选择玩并且会不断重新玩的那些游戏）之所以出色，部分是

[①] Csikszentmihalyi（1990）。有人尝试开发专门针对游戏的"心流"理论分支，见 Sweetser and Wyeth（2005）。

[②] 大量出版物发展了该理论，它还被应用于各种机器学习任务中，想要对此有所了解，参见 Schmidhuber（2006）。

因为它们成功地以多种方式不断挑战我们的大脑。

　　因此，玩游戏肯定需要具备智能。我们在上一章已经看到，国际象棋和围棋软件都不具备智能，却能胜过任何人。那么，为什么人类在玩游戏时需要具备智能，而机器玩游戏却不需要具备智能呢？这其中到底是怎么一回事？现在是时候确定我们所谓的人工智能以及我们所说的智能的含义了。

什么是智能

这都已经是第 3 章了，我还没有定义我们谈论的东西，接下来我试着定义一下。AI 就是人工智能，"人工"一词看字面就能知道是什么意思，因此我们只需要定义"智能"。想必"智能"已经存在许多恰当的定义了，对吧？

所以，好消息是很多人已经定义了智能；坏消息是，这些定义彼此完全不同，甚至无法调和。实际上，定义太多了，我们甚至很难全面了解所有定义。由此我们可以知道两件事：许多思想家思考的核心问题就是智能的本质，他们还无法完全了解智能的本质。在本书中，我将介绍几种不同的智能定义，尤其是人工智能。[①]我们将从最著名的人工智能概念开始。

　　想象一下，你正在 Facebook、Twitter、Slack、SMS 或其他社交软件上和两个人在线聊天。如果你不喜欢聊天——"聊天"一词可能会让千禧一代觉得被冒犯，那你可以想象一下，用短信和两个人对话。你甚至可以想象用打字机在纸上打字，装在信封里，和两个人通信。形式不重要，重要的是你在以老式的纯文本方式与两个人交流。

　　现在有人告诉你，其中一个人实际上是一台机器，更确切地说，是一台在计算机上运行的 AI 程序；另一个人是真正的人类。你的任务是辨别这两个人哪个是真人，哪个是 AI 程序。你可以跟你的网友或笔友提出任何要求，但是他们可能不会如实回答，如果你询问他们是不是计算机，可能不会得到满意的答案。

　　艾伦·图灵在 1950 年首次提出这项测试，我们曾在第 1 章中提到过他。[②]提醒你一下，那时候还没有任何现实可用的计算机，更不用说社交软件和短信了，所以图灵说的是

---

① 从人工智能的角度对智能进行的定义很多，想全面了解，可参见 Legg and Hutter（2007）。
② 图灵是计算机的发明者之一、天才的数学家、战争英雄，他还有许多其他身份。他的生平可参见相关传记：Hodges（2012）。

电传打印机。图灵是这样思考这个问题的："机器可以思考吗？"他认为回答这个问题，就要看机器是否可以通过被他称作"模仿游戏"的测试，即后来的"图灵测试"。[①]

如果 AI 程序非常出色，让你无法将真人与计算机程序区分开来，那是否意味着它是智能的？想象一下这种情况，AI 程序在测试中多次瞒过了你，那么它肯定具有智能，除非你对自己的智能没有信心。

有些人认为只要计算机通过了图灵测试，那它就具备了智能（可能需要多人对它进行多次测试，也可能需要对这些人进行专门培训[②]）。还有些人（也许大多数人）不同意这一观点。为什么计算机即使通过了图灵测试也无法说明它就具备了智能？人们对这个问题的回答很有意思。

有一个不常见的答案："它不可能是智能的，因为它只是一台计算机。"这着实令人沮丧，就个人而言，我很难不

[①]　图灵在论文中提出了该测试。这篇论文引人入胜，极具可读性，不需要相关的专业背景也可以读懂。你可以去海边度假，一边享受冰啤酒，一边欣赏这篇论文。

[②]　有趣的是，随着时间的流逝，图灵测试似乎越来越难以通过。20 世纪 60 年代发明的计算机程序艾丽莎模仿了罗杰斯的非指导性心理治疗方法，这是对自然语言处理的一种贡献。你可以与艾丽莎"聊天"进行互动，但是该程序的大多数答案都是对你所说内容的重复，或提出一些非常普遍的问题，如"谈谈你的母亲"。当该程序向公众公布时，许多尝试过该程序的人都不相信它是计算机程序，因为他们不相信计算机可以说这些话。他们相信"另一端"一定是一个人。如今，很少有人会被艾丽莎欺骗。人们已经习惯了聊天机器人的存在，许多人已经通过 Twitter、Slack 或在游戏中与它们交互。年轻人能迅速看透艾丽莎的蠢笨。

带讽刺地回应这一反对意见，但冒犯他人显然不是进行建设性讨论的方法。

要回应"它只是一台计算机"，最佳做法是不断提问"为什么计算机不可以是智能的，而人类却可以"？有人说，智能一词的定义仅适用于人类。没问题，那让我们用另一个词来表示"智能"，并且它的用法不局限于人类。还有人会说，计算机不是智能的，因为它由晶体管之类的硅元件组成，而人由活的生物细胞组成。那么，为什么拥有生物细胞是智能的必要条件？你是怎么知道的？还有一些人声称，如果计算机要由人来编写程序，那么它就不可能是智能的。它必须自己学习，与人类一起成长。同样道理，你怎么知道智能不能被编写？你尝试过了？你怎么知道这个特殊的计算机程序——戏弄你，使你误以为它是人类——没有与人类一起成长呢？也许它和其他孩子一起上学呢？至少它比你更聪明。

也有几个反对意见说到点上了。其中一个反对意见认为，只进行书面文本交流非常局限，真实的人类也通过声音、面部表情和身体动作来交流。另一个反对意见认为，这种测试确实是一种非常不自然的情况，并不能真正代表人类每天遇到的各种各样的活动。有些人可能不擅长处理书面测试，但是他们绝对是合格的人类。相反，能够雄辩地回答问题不代表也能起床系鞋带、决定吃什么、安慰自己喜欢的人、画画或玩游戏。所有这些活动似乎都需要某种形式的智能。

所有人类都具备智能吗

正如我们看到的，图灵测试并不是没有问题。但是，让计算机做出只有人类才能够做到的事情，以此来测试计算机，这个基本想法仍然很有吸引力，也很有道理。如果一台计算机具备真正的智能，它就应该能够做到人类运用智能才能做到的所有事情。

但是该标准至少包含两个假设：人类确实具有智能，并且是唯一（或最高）的智能类型。人类在所有方面都被作为衡量标准，在智能方面也是如此。因此，让我们转换一下角度，从计算机的角度问一问，人类是否具有智能。

与计算机相比，人类在许多方面看起来都很蠢。比如，显而易见，人类不擅长算数，叫一个人算一算 3 425 的 542 次幂，他可能枯坐几个小时都算不出来。太可笑了。在其他事情上也是如此，例如计算 3 亿人口的平均年龄，计算机只要几秒钟，而人类可能要算好几年，还可能算错。

人类也几乎记不住任何东西。随便问一个人他能不能准确说出某个随机的社保号（或随便哪个国家的个人身份号码）对应的姓名和当前住址。即使这个人能够以他偏好的方式获得所有社保号的信息（例如一大本纸质名录），也仍然需要花费至少几秒钟的时间，更不用说大多数人根本不知道从哪里获取社保号的信息。你也可以找一个人，让他提供100个谈论人工智能网站的地址链接，或列出昨天发生的所有事情。人类总说"金鱼的记忆只有7秒"，但是从计算机的角度来看，人类和金鱼在记忆力上并没有差别。

在这一点上，许多读者可能会疯狂抗议，认为我不公平。因为我只选择计算机擅长的任务，而忽略了人类具有优势的任务，例如运动控制和模式识别。

确实如此。计算机可以操纵喷气式飞机和直升机起落。实际上，只要使用恰当的软件，任何计算机都可以执行这些操作，但是只有少数人类知道如何驾驶喷气式飞机和直升机。许多人都具有"下载软件"的能力（也就是学习能力），但学习是一个过程，需要好几年的时间，而且非常昂贵。有时，即使是受过训练的人也无法出色地完成驾驶飞机的任务（既然有其他选择，为什么还会有人想坐人类驾驶的飞机呢？这一点着实令人费解）。计算机还能驾驶汽车，它遵守所有交通法规，公路和非公路都能适应，而好多人都无法做到这一点。[①]

说到模式识别，人们确实可以非常准确地识别朋友的脸，但人类最多只能和几百个人维持朋友关系。Facebook 使用的面部识别软件可以区分数十万人的脸。还有一些模式识别算法可以将某个人的指纹与数据库中数百万个指纹精准匹配。

现在让我们看看另一项人类本应该很擅长的活动——游戏。游戏是人类为了娱乐自己而发明的，并且人类也发现了游戏在娱乐的同时还能锻炼他们的学习能力、运动能力和推理能力，因此游戏应该适应人类智力。人类应该在游戏中表现出色，对吗？但情况并非如此。如我们所见，计算机现在基本上在所有经典棋盘游戏中都胜过了人类。我们稍后也将看到，计算机在许多电子游戏中表现出色。在其他许多游戏中，计算机的表现也更好，更好的硬件和软件意味着计算机在不断缩小差距。你应该还记得，人类和计算机进行比较的所有游戏都是由人类为人类设计的。因此，它们完全适应了

---

① 写作本书时我已经 38 岁，但仍然没有拿到驾照。

人类的认知能力。[1] 还有些游戏难度非常大，电脑甚至可以自己发明此类游戏。

系鞋带和自我复制是人们另一些很擅长的活动。但系鞋带毫无意义，即使对于人类来说，它也将成为过时的技术。如果你是机器人，你为什么还需要鞋带？而且人类真的不知道如何繁殖，他们只是知道如何发生性行为，这完全不同于自我复制，而且很容易。实际的自我复制由许多生化过程构成，而人类尚未完全理解，也并不知道如何复制。

那图灵测试呢？实际上，计算机可以定义自己的图灵测试。它们可能会定义界面，不再是悠闲地通过键入信息来回传输，取而代之的是 100Mbps 的光缆。我认为没有人类能够在这样的测试中表现出色。

与人类相比，计算机似乎确实表现良好。有些人会反对，说这种比较太荒谬，因为计算机是由人类构建和编程的。因此，计算机拥有的任何智能都应该归因于其人类创造者。但对人类来说，这样的说法有些危险，因为有可能人类的智能也不是真正属于自己的，而是属于创造人类的自然选

---

[1]　想象一下，有一款游戏，每个回合可行的行动有 100 万个，不同的行动有不同的结果，但是没有明显的可视化效果供你参考选择。每个回合中，行动的顺序和名称都会改变。在这种情况下，你玩这样一款游戏只能随机玩，而计算机却可以轻松模拟每个行动的结果并玩得很棒。

择这一进化过程的。

探索频道

人类没有计算机聪明，不过大概你并没有被说服。显然，上面的讨论中缺少一些内容，其中必须有某种不为人知的假设，并且这种假设一旦暴露，论点就不攻自破。我承认，这正是问题所在。

我给出的所有示例都是计算机完美地执行非常具体的任务，完美解决非常具体的问题，而人类则表现得很差劲，但具有真正智能的标志是要能够在各种各样的情况下都表现出色。擅长一件事并不代表具备智能。因此，人类终究还是比计算机更聪明：下棋程序不能驾驶喷气式飞机降落，面部识别程序玩不了《超级马里奥兄弟》，也不能进行求幂运算。人类的智能可以让人类在任何情况下都表现出色，并且人类非常擅长适应各种情况和问题，计算机程序通常仅适合特定类型的情况或为其编程的问题。

让我们退后一步思考一下，在某些具体情况下，这对于动物和机器人意味着什么。

动物行为学是生物学的分支，研究动物的行为以及产生这种行为的机制，你也可以称之为动物心理学。该学科的中心概念是适应性行为，即动物响应其所处的环境而表现出的行为，这些行为有助于动物在环境中生存下去，也增加了后代存活下去的机会。狐狸捕食野兔时，会尽量隐藏踪迹，不被野兔发现；野兔为了在狐狸的捕猎中逃生常常改变逃跑的路线，变幻莫测。狐狸虽然速度更快，但体型也更大，很难跟得上野兔。那么狐狸和野兔，谁更聪明呢？对于一个动物行为学家来说，如果不了解狐狸和野兔面临的环境，这个问题就没有任何意义。有时你会听到有人（或小报）声称"海豚像人类一样聪明"或"猪比狗聪明"之类的胡话。不是说这些说法是错误的，而是说这些说法没有对测量智力的环境和生存条件进行明确的限定，这是没有意义的。让海豚坐在办公椅上，或者把人投到海洋里，这两种情况都不会有好的结果。

用伟大的机器人学家罗德尼·布鲁克斯（Rodney Brooks）的话说："大象不玩国际象棋。"[①]布鲁克斯在 20 世纪 80 年代率先开发了基于行为的机器人技术，这种机器人技术制造出的机器人在计算和机械上都很简单，旨在应对特定的环境。

---

① 这是一篇论文的标题，也是非常有意思的一篇文章：Brooks（1990）。

例如，布鲁克斯开发了机械昆虫，仅用了几个廉价的电动机和光传感器，便可以追踪周围的人，在室内移动时也能避开障碍物。他开发的一些机器人根本没有实际的计算机，只有输入和输出之间的巧妙连接。相比之下，当时的大多数机器人都使用了最先进的机载计算机和复杂的传感器，但执行性能却很差，当它们面临的问题略有不同便束手无策了，就好像有人遮住了光，阴影就会微微改变。这些先进且耗时耗力的机器人连简单的任务都无法完成，而简单的机器人却能完成得很好。这正是布鲁克斯开发的简单机器人。

大象不玩国际象棋，因为它们不需要玩，它们也不适合玩。大象为什么要浪费宝贵的脑力去学习下棋，大象的基因为什么要有学习下棋的编码呢？这完全是浪费。布鲁克斯以类似的方式表明，抛弃"普遍的问题解决能力"这种多余的设计，直接连接输入和输出并设计一些简单的规则就能让计算机解决特定的问题，这样的机器人胜过许多更先进的机器人。以这样的方式设计一个有用的机器人似乎要容易得多。如果你待过管理层级较多又官僚的大型组织，就会知道绕开管理和官僚机构，所有的工作都能轻松完成，你可能会找到两者的联系。

智能是适应性行为，这种概念会如何影响我们理解人类智能和机器智能？一个可能的结论是，现在谈论计算机总体上是否具有智能毫无意义，就像谈论动物总体上是否具有智能一样没有意义。人们只能谈论计算机程序或动物在解决特定问题或在特定环境中生存的适应能力如何。

当然这是一个很无聊的答案，也不是一个很有用的问题，至少对于仍然坚持"智能"之类想法的人工智能研究人员而言，软件（人类、动物）或多或少都拥有智能。我们可以做得更好吗？我们能否保持适应性行为的观念，并更好地定义智能和人工智能？

不再那么具体

让我们看看是否可以保留智能的想法，同时承认智能始终与某些环境或任务有关。瑞士人工智能研究所（IDSIA，我也曾在那里工作过）的尚恩·莱格（Shane Legg）和马库斯·胡特（Marcus Hutter）在 2007 年发表了一篇颇有影响的论文①，他们在论文中试图论证这一点。莱格和胡特的基本思想是，一个代理（人、计算机程序或其他任何东西）的普

① Legg and Hutter（2007）。莱格与人共同创立了 DeepMind，后来 DeepMind 被谷歌以非常可观的价格收购，目前是世界上最前沿的 AI 研究实验室。

遍智能相当于执行多项任务（实际上是所有可能的任务）而不是一项任务的能力。但是，任务越简单越重要；任务越复杂，在最终加总中的权重就越小。

我先解释一下。莱格和胡特提出的方程式在理论上可用于为任何代理（人、机器或其他东西）分配 0 和 1 之间的值，其中 0 表示无法做任何有用的事情，1 表示完全的普遍智能。一个代理具备的普遍智能被定义为它在所有可能的任务中的表现的总和。任务包括各种各样可能成功也可能失败的事情，比如，预测股价、系鞋带、在聚会上交朋友。代理在每个任务中的表现将得到一个介于 0 和 1 之间的数字，其中 0 表示完全失败，1 表示完全成功。总和除以任务数量，可以得出代理的平均表现。为了优先处理更基本的任务，简单任务在计算中的权重较高。尽量用最简短的方式描述任务，任务的重要性与描述的句子长度成反比。

讲到这里你还在看吗？这些描述相当有技术性，但可以概括为以下几点基本意思：一、可以用解决问题的能力来衡量智能；二、应该看看这种智能能不能解决所有可能的问题；三、越简单的问题（可以很容易描述的问题）越重要，解决简单问题的能力也更加重要。

我认为这几点很有意义，可能无法准确捕获智能一词的所有含义，但我认为这几点准确地抓住了对智能的一种感觉，这种感觉有助于人工智能开发。你可以将对人工智能的探索定义为对具有更高普遍智能的代理的探索。

但是，这不是对智能进行真正的衡量。实际上，这种衡量有点轻描淡写。你无法使用莱格和胡特的公式测试某个代理的普遍智能，因为你需要在所有可能的任务上对其进行测试。任务无穷无尽，你根本没有那么多时间。此外，你也无法对任务进行最简短的描述（所谓的柯尔莫哥洛夫复杂性）。即使从理论上讲，你也无法对任务做最简短的描述。因此，要实际测量计算机程序的智能，我们需要寻找更实用的方法。

比人类做得更好

定义智能的方式既要有益于人工智能，又要符合我们对智能的直观概念，要做到这一点并非易事。因此，也许我们应该先思考一下怎样定义人工智能（当我们说人工智能时，通常指相关的活动和技术），而不是先确定智能的定义。这样更务实一点。已经有不同的人对人工智能提出了很多不同版本的定义，比如，"人工智能研究的是使计算机能够做到人类擅长的事情"。

　　这是一个令人耳目一新的说明。如果我们创造出一个能够比大多数人类更理解人类语音的软件，那就是人工智能的进步；创造出一个可以查看人类胸部 X 光片、诊断疾病并提出治疗方案的软件，这也是人工智能领域的进展；一辆遵守所有交通规则还能避开突然跑到马路上的小孩的自动驾驶汽车，那绝对是 AI。当然，能够在《星际争霸》或《DOTA》等游戏中击败强大玩家的软件，肯定也是 AI 的进步。

　　但是，这个定义是不是太宽泛了？想象一下，你发明了人造肝脏（你肯定会变得很有钱）。我们的人工系统目前还无法净化血液，只有肝脏能够做到这一点，如果你的肝脏出了问题，只有靠肝脏移植才能活下去。但是，说发明了人造肝脏代表人工智能的进步就会让人感到很奇怪。这更像是解决了化学问题，不是吗？

　　有人可能会争辩说，人工智能必须有意识地比人类更擅长某些事情。我不知道你知不知道，我是不知道我的肝脏正在做什么。我也不了解我如何理解语言，我只是部分地了解我的下棋策略或在动作冒险游戏《血源诅咒》（*Bloodborne*）中所采用的策略。

　　人工智能的这一定义还会遇到另一个问题，同时也是它的特点，即这一定义包含了狭义人工智能。所以在城市中完

美行驶的系统，或比任何医生都能更好地诊断出胸部疾病的
系统，完全有可能对于广义 AI 的发展没有任何推进作用，
比如，无法通过图灵测试。

狭义 AI 与广义 AI（或称 AGI）之间的区别之所以重要
还有另一个原因。你可能时不时地会听到人们说" AI 已经
失败了"。自 20 世纪 50 年代以来，研究人员一直在研究 AI，
但仍然没有出现机械战警（RoboCop）、哈尔（HAL）或
《机器人总动员》中的瓦力（Wall-E），甚至还没有任何能够
通过图灵测试的机器。从广义 AI 角度来看，我们确实还没
有制造出 AI。但从发明纸风筝到莱特兄弟制造出第一台自动
力飞行器 ① 花费了 50 多年，车轮、发动机、理论和材料技术
发展更是经过了数百年。可以肯定地说，自 20 世纪 50 年代
以来，人工智能技术已经获得了巨大的发展。

从狭义 AI 的角度来看，"AI 已经失败了"这一说法是
完全错误的。我们每天都在使用的许多技术以及我们社会建
立的基础就是 AI 研究的开端。手机摄像头的图像识别软件可
以帮你拍出更好的照片，个人助理软件中的语音处理算法，可
以为你规划最佳路线的 GPS 导航器，以及 Facebook 令人毛骨

---

① 从莱特兄弟的飞行器到"阿波罗"号火箭只用了约 60 年。

悚然的加好友建议（"你可能还认识这些人"），这些都是 AI
研究的成果。实际上，我们使用的大多数软件都采用面向对
象程序设计的方式进行编程，几乎每个网站都使用的关系数
据库模型也开始于如何使机器智能化的研究。可以说，再现
智能是计算机初始发明者的驱动力之一。但是，似乎人工智
能研究一旦产生了有效且有用的东西，便会脱离原有的研究，
形成自己的研究领域，不再被称为人工智能。

　　从这个角度来看，将人工智能定义为尚无法奏效的那些
雄心勃勃的计算机技术略微有一点点刻薄。

那么，人工智能究竟是什么

　　到这里你是不是已经耗尽耐心了？这完全可以理解。我
用了整整一章的篇幅，介绍了智能和人工智能的一个个定
义，而且似乎每一种定义都有缺点。我首先描述了图灵测
试，它是一种人工智能测试，也暗含了人工智能的定义，但
它无法用来测试很多正常人能做的事情，而做这些事情需要
智能，比如，烹饪、系鞋带、露出一个"我懂"的笑容，一
个不太聪明的人也有可能通过测试。而且，图灵测试高度依
赖特定的人类询问器。有些人可能无法发现明显的 AI，因

此我们不希望在定义机器是否具备真正的智能时依靠脆弱的人类判断力。接下来，我们讨论了将智能视为适应性行为的概念，在这种定义中，智能多种多样，具体取决于代理所处的环境，比如，外科手术、扫地机器人。但是，这种定义回避了问题，也使我们无法判断某个代理是否比另一个代理聪明。因此，我们认为，普遍智能是指代理在所有可能问题上的平均表现，并且权重偏向简单的问题。从理论上讲这是合理的，但在实践中我们还无法衡量这种平均表现。最后，我们讨论了有关 AI 的一个观点，即 AI 就是创造超过人类的计算机软件（或硬件），虽然目前人类比计算机强。

这两个概念都没有公认的定义，甚至连专家在讨论智能和人工智能时也经常根据情景使用不同的隐含含义。我们只能接受这种情况。因此，在本书接下来的部分，我将根据讨论的具体内容，使用不同定义的人工智能，它们可能是以下任何一种：

1. 根据智能的某种定义建造的智能机器；

2. 自称人工智能研究人员的人正在做的事情；

3. 人工智能研究人员开发的一组算法或想法。比如，第 2 章提出的极大极小算法和 MCTS 算法就是 AI 算

法的极佳例子，在接下来的章节里我还会介绍类似
的算法。

　　最后，艾伦·图灵这位图灵测试的发明者以及第一个提
出 AI 关键问题的人，他是怎么想的呢？实际上，与许多人
的看法相反，图灵没有提出现在所谓的图灵测试作为人工智
能的定义。相反，他提出图灵测试是为了表明我们对智能的
整个概念是有缺陷的，并且争论某些机器是否具备智能没有
任何意义。图灵认为，我们最终将开发出能够通过他所发明
的测试的软件，但是"'机器能思考吗？'这个最原始的问题
我认为毫无意义，也不值得讨论"。[①]

---

① Turing（1950）.

第 4 章

电子游戏拥有人工智能吗

许多（也许是大多数）电子游戏都有所谓的非玩家角色。它们可能是对手、盟友、旁观者或其他任何角色。我要说的是，它们不是由玩家（比如你）控制的，而是由计算机控制的。通常，人们将这些 NPC 的行为称为游戏的 AI。

我们已经知道，关于什么是人工智能有许多不同的观点，所以无论控制着电子游戏 NPC 的是什么，我们暂且接受 AI 这个绰号。但电子游戏中的典型 AI 到底是如何运作的呢？这可能有一点戏剧化。

第 362 号敌人的 7 秒人生

第 362 号敌人使游戏环节延续了 43 分钟。在这个游戏中，玩家已经遇到了 361 个敌人，玩家杀死了其中的 143 个，其他敌人则在玩家离开游戏特定区域时就消失了，玩家已经进入这个相当普通的第一人称射击游戏（FPS）的第三级。第一人称射击游戏的代表作有《使命召唤》，但也可能像《战争机器》或《半条命》（*Half-Life*）。玩家角色现在要单枪匹马袭击一个臭名昭著的国际恐怖分子的藏身处（见图 4–1）。第 362 号敌人看上去像一个典型的低级恐怖分子——衣衫褴褛，黑色围巾遮住脸的下半部分，并配备了卡拉什尼科夫突

图 4–1 第一人称射击游戏：在游戏中，你以第一人称的视角体验游戏（比如射击）。《使命召唤》是这一类游戏的代表作。

击步枪。它被设定成未能在这个游戏环节的结尾处保护好恐怖分子老板。当然，除非玩家自己搞砸了。

在每个游戏阶段中，玩家只要通过关卡的第三个检查点，第 362 号敌人就会在同一个地方出现——在一个看上去废弃的小屋旁边。当第 362 号敌人出现时，它的思想处于状态 0，它的整个思想状态是这样的：

- 状态 0：守卫。在废弃小屋（它就出现在小屋边上）和棕榈树之间缓慢地来回走动，来回巡守。如果玩家角色出现在它视野内，进入状态 1。

- 状态 1：掩护。尽快跑到最近的掩体。在废弃的小屋和棕榈树之间有一堆沙袋，非常适合掩护。到达掩体后，进入状态 2。

- 状态 2：躲藏。蹲伏在掩体后面，以免受到攻击。将计时器设置为 1~3 秒之间的随机数。经过设定的时间间隔后，进入状态 3。如果玩家角色越过掩体，则进入状态 4。

- 状态 3：射击。站起来躲在掩体后面并朝玩家角色射击，随机偏离 5 度，以免射击过于频繁。将计时器设置为 1 秒或 2 秒。经过设定的时间间隔后，进入状态

3。如果玩家角色越过掩体，则进入状态 4。

- 状态 4：攻击玩家。沿着最短的路径直奔玩家，向玩家连续射击。

- 状态 5：死亡。生命值降低到 0 时，倒地停止活动。

第 362 号敌人的思考体系被称为有限状态机（finite state machine），因为它的状态是有限数量个①，每个状态都包含了该状态下的行为指令。顺便说一句，游戏中的所有 NPC 都使用这一体系结构，但是不同类型的敌人在具体的状态方面会有所不同。

在状态 1 和状态 4 中，第 362 号敌人跑向某个位置。这里使用的是 A＊算法，是一种寻路算法。换句话说，这是一种找到从 A 点（例如角色站立的地方）到 B 点（例如沙袋后面）的最短路径的方法。A＊算法是这样运行的：

1. 从 A 点开始，它是起始位置，也是活动位置。

2. 观察活动位置旁边的所有位置，找出能够到达的位置

---

① 这里的"状态"一词用法类似于我们对人类或狗的描述：菲多可能会感到无聊、饥饿、快乐或困。从技术上讲，游戏角色的状态是定义角色变量的特定配置。它与第 2 章中的用法有关，但与第 2 章中的用法又有所不同，在第 2 章中我们讨论了"游戏状态"，即定义游戏的所有变量。

（例如没有墙隔着）。在我们这个例子中，它会围绕直径为半米的圆观察 8 个点。

3. 将可以到达的位置添加到可用位置列表中，该列表根据这些位置到目标（B 点）的直线距离进行排序。

4. 在该列表中选择最接近目标 [①] 的位置，将其从列表中移除（其他位置仍保留在列表中），并将此点标记为活动位置。转到步骤 2。

　　该算法会跟踪大量位置，并不断探索最佳的位置。只要运行该程序，就始终能快速找到 A 点和 B 点之间的最短路径，比每次都要评估该区域中所有可能的位置要快得多。（该算法当然比我介绍的更复杂，但我们在此只需对它有一个总体了解就可以了。）

　　有限状态机架构和 A＊算法在大量游戏中都扮演着重要角色，还广泛应用于机器人技术和无人驾驶汽车。许多游戏会附加其他算法来控制 NPC 行为，而有些游戏则完全使用别的技术，比如，近年来有限状态机的替代选择——行为树就得到了广泛应用。但有限状态机和 A＊算法可以说是商用电

---

① 实际上，已经移动的距离与到目标的估计距离之和最低。

子游戏控制 NPC 行为的最常用算法之一。[①]

让我们回到第 362 号敌人。它突然意识到自己的存在，然后忠实地从小屋走向棕榈树。但是，它走到一半发现了玩家角色，于是只花了不到 1 秒钟进入状态 1，跑到了沙袋旁边，这就是状态 2。它进入状态 2 几秒钟后，又进入状态 3，直立并朝玩家角色开火。但是，玩家角色隐藏在自己的掩体后面，没有被击中。当玩家角色掷出手榴弹，第 362 号敌人回到状态 1。爆炸会立即耗尽它的生命，使它迅速过渡到状态 5。

第 362 号敌人没有名字，玩家过了这关也很快就把它忘记了。不会有人给第 362 号敌人写传记，它实际上没有必要被记住。另外，不会有人因为与第 362 号敌人短暂迅速的交火感到内疚。

这就是全部了吗

奥兹国的魔法师只是烟雾和镜子，虽然有各种奇奇怪怪

---

① 有关 A＊算法和它的无数种变体，请参见标准的 AI 教科书，如 Russell and Norvig（2009）。有关有限状态机和行为树的更多信息，请参见专业游戏 AI 教科书，如 Millington and Funge（2009）。

的烟雾和亮晶晶的镜子，但到底只是烟雾和镜子。游戏里的
NPC 控制在实际实现时都比我解释的要复杂得多，但是原理
非常相似。

你可能还会注意到所有丢失的内容。以任何方式看，控
制第 362 号敌人的 AI 都不是一个完整的头脑。除了上面提
到的 5 种状态，它无法执行其他任何操作。如果你躲在墙后
一个小时，第 362 号敌人将一直在状态 2 和状态 3 之间切
换，直到你出来。它不会等的时间够长了就攻击你的侧翼或
求援。

有些游戏，包括一些第一人称射击游戏，都设置了
更有趣的 NPC。例如，恐怖主题射击游戏《极度恐慌》
（*F.E.A.R.*）在现代动作游戏中引入了规划算法，这样敌人就
可以协调它们的进攻，并做出类似袭击玩家侧翼的行为。玩
家还可以偷听敌人商量着猜测自己的计划。《光晕》系列第
一人称射击游戏也展示了更有意思的 NPC 行为，例如敌人
经常队列移动，看到队友被杀之后也会撤退，它们还会猜
测玩家躲避的方位。在最近的游戏《中土世界：暗影魔多》
（*Middle-earth Shadow of Mordor*）中，NPC 会记住它们遇到

的玩家，在后面的战斗中，NPC 会回溯前面的遭遇。[①]

　　这些例子还是非常先进的，至少对于这种类型的游戏而言是这样，但这种进步只能算非常特殊的把戏，而不是普遍 AI 的进步。就像我们虚构的第一人称射击游戏的第 362 号敌人一样，即使在最复杂的游戏中，NPC 所表现出的行为以及它们能够理解的互动形式也是受到限制的。第 362 号敌人无法做很多事情，包括：

- 弄明白你躲在墙后一个小时没有发起攻击，于是决定采取行动，比如袭击侧翼。
- 向你扔石头，把你逼出来。
- 求援。
- 感到害怕。
- 隔着墙喊话，与你大谈人生，比如战争的意义，还有为什么而战。
- 提出建议，你们可以一起玩一盘国际象棋。
- 系鞋带。

---

① 《极度恐慌》的 AI 首席开发人员杰夫·奥尔金（Jeff Orkin）在一篇有影响力的论文中介绍了计划系统——Orkin（2006）。达米安·伊斯拉（Damian Isla）也曾类似地谈到《光晕 2》使用 AI 的一些重要方面。游戏开发者大会上也探讨过《中土世界：暗影魔多》的系统，但据我所知还没有人在学术文献中谈及。

- 泡一杯咖啡。

当然，编写相应的代码可以让第 362 号敌人做到所有这些事情，除了感到害怕。[①] 实际上，有些游戏的 NPC 能够袭击你的侧翼，向你扔石头，与你进行（脚本化的）哲学对话。但是，每一种能力都必须由人类设计师专门构建。必须有人专门编写相应的程序代码，才能让第 362 号敌人扔石头（也许是在有限状态机中添加一些状态，还要增加一个算法弄清将石头扔向什么地方），也需要有人写下哲学对话的台词，并带有相应的界面，你可以选择在对话中说什么。如果要让第 362 号敌人放下 AK47，拉出棋盘与你对弈，游戏开发人员需要加入一个极大极小算法来让第 362 号敌人具备下棋的能力，当然图形和界面元素要允许下棋。第 362 号敌人的 AI 不会神奇地具备所有这些功能，因为正如我们所见，它的"大脑"只是一个有限状态机加一个寻路算法。

我在序言里提到，我 11 岁时拥有了一台 Commodore 64，玩游戏时常常产生狂野想象力，我想将上面写到的内容与这些对比。我一直幻想，如果我以超出可能的方式玩游戏

---

① 我们即将应用人工代理的主观经验，迄今为止它还没有什么问题。

会发生什么，比如，玩《海盗》（*Pirates!*）游戏航行到地图以外，在《文明》（*Civilization*）这类战略游戏中控制某个人（或只是与之交谈），或将其他游戏中我喜欢的角色代入《泡泡龙》（*Bubble Bobble*）。基本上，我幻想游戏是无限的，并具有无限可能。

我想象与游戏进行交互，就像与人类甚至猫狗进行交互一样具有惊人可能性，比如，你现在正在阅读本书，思考你从未有过的想法，你有可能完全跟随我的论点，也有可能提出自己的反对意见。你的反应可能会让我感到惊讶，至少我无法预测你的想法。游戏会不一样吗？

你可能希望我——一个成年人，还是一名发表过数百篇有关人工智能文章（特别是有关人工智能和游戏文章）的教授放弃这些童年时代的幻想，并采取更为清醒的观点。这不可能。遥不可及的幻想对于科学进步必不可少。因此，让我来展示一个愿景，即拥有完全基于 AI 方法的游戏。

如果电子游戏拥有真正的 AI

假设我们目前正在研究的各种 AI 技术在未来某个时候都已达到完美，并且可以在游戏中应用这些 AI 技术。换句话说，我们可以想象一下，如果我们有足够好的 AI 能够实现我们对游戏的想象，那么游戏将会是什么样的。想象一下，你正在玩一款未来的游戏。

　　你正在玩一款开放世界游戏，在这类游戏中，你在一个相对开放的空间中漫游，可以以任意顺序完成游戏目标。目前比较受欢迎的开放世界游戏包括《侠盗猎车手》（*Grand Theft Auto*）、《上古卷轴》（*The Elder Scrolls*）和《塞尔达传说》（*The Legend of Zelda*）。在我们假设的这款未来的开放世界游戏中，你决定不直接进入下一个任务目标，而是随机选择一个方向到处看看，随处漫游 5 个小时。你决定朝西面漫游，游戏会随着你的前进构建景观，最终你会进入一个新地方——一个没有人类玩家去过的城市。在这个城市，你可以进入任何房屋（尽管你可能必须撬开几把锁），与遇到的每个人交谈，你可能陷入新的阴谋中，执行新的任务。只要你朝着不同的方向前进，都会到达一个拥有不同建筑、不同角色和不同任务的城市，可能是一个巨大的森林，里面有逼真的动物，居住着隐士，也可能是一个秘密研究实验室，或是游戏引擎构建的其他场景。

　　和新城市中的人交谈就像和屏幕交谈一样容易。角色会根据你说的话以自然语言回应。台词不是预先由演员配音的，而是在游戏中实时生成的。你还可以通过挥手、跳舞、面部表情或其他奇特的方式与游戏进行交流。当然，在许多（大多数）情况下，你仍在通过键盘或控制器来操控游戏，因为这通常是告诉游戏你想做什么的最有效方法。

所有NPC都会以一种完全可信的方式行动，这一点也许无须多说。例如，它们不会卡在墙上，也不会一遍又一遍地重复同样的句子（不会比普通人多）。这意味着你玩任何游戏都有了一个有趣的对手和伙伴，而不必等你的朋友上线，或不得不与令人讨厌的13岁孩子组队玩游戏。

在开放世界游戏中，你可以通过访问游戏世界中的虚拟游戏机或与NPC组队玩很多其他游戏。这些NPC能玩任何游戏，熟练程度则契合游戏框架，并且它们都以人类的玩法玩游戏。你还可以放大或缩小，不断拆解，玩核心游戏。你可以玩经营类游戏，也可以玩能控制身体各个部位的游戏。玩这些子游戏或派生游戏所需的规则、机制和内容都是由游戏引擎实时构建的。这些游戏可以从主游戏中分离出来，玩家可以独立地玩任何一个游戏。

游戏会感知你玩游戏时的感受，识别出你擅长什么，喜欢什么（以及你讨厌什么，鄙视什么）。在这个基础上，游戏会不断进行自我调整，以便更符合你的喜好。例如，当你沿随机方向漫游 5 个小时到达一座新城市，游戏会在这座新城市里给你提供更多的故事、挑战和经验，这也许会改变游戏本身的规则。游戏不仅能为你提供更多你喜欢和擅长的东西，它的功能还远比这复杂精巧——游戏能模仿你过去的喜好创建新的内容，并能随着你在游戏中不断发展的技能和偏好做出响应。

　　你玩的游戏是永无止境的，可以被无限拆解，不断适应你变化的品位和能力，但你可能仍希望在某些时候玩一些其他游戏。所以为什么不设计和制作自己的游戏呢？也许是因为这很困难并且需要投入大量精力。在 2018 年，制作出一款热门的游戏需要数百名人员工作多年，如果要制作一款著名游戏，还需要几名高技能的专业人员。但是在未来，我们拥有了先进的 AI，它不仅可以应用在游戏中，还可以用来设计和开发游戏，你只需将游戏引擎切换为编辑模式，并草绘游戏构想。给一点故事情节和角色，构想一下机制和相应的场景，游戏引擎会立即填充缺少的部分，并提供完整可玩的游戏。游戏引擎还会提供建议。如果你已勾勒出游戏中的经济状况，但经济不平衡并导致快速通货膨胀，游戏引擎将建议你减少货币；如果你设计的间隙玩家角色越不过去，游戏引擎会建议更改间隙或跳跃技巧。你可以继续草绘，游戏引擎会帮你转换为细节，或者直接介入并修改游戏细节。无论你做什么，游戏引擎都会与你一起完善你的想法，并形成具有艺术性、关卡合理、角色鲜明的完整游戏。你随时可以自行加入游戏。你也可以观看虚拟玩家在游戏各个部分的游戏进展，这些虚拟玩家像你一样玩游戏，也可以跟你的朋友一样玩游戏，它们具有不同的品位和技能。

未来为什么还没有到来

上面描述的东西为什么还没有出现？因为我们还没有这样的技术，现有的 AI 技术也不足以支撑游戏设计和开发实践。

尽管人工智能已广为人知，人工智能方法每天都在取得新的进步，然而游戏行业似乎对将 AI 技术整合到游戏中并不感兴趣。许多学术界的 AI 研究人员已经为游戏提出了新的 AI 算法，并将它们介绍给游戏开发人员，但游戏开发人员常常以礼貌的方式拒绝，认为新算法对游戏毫无意义。这可能是因为 AI 研究人员对游戏了解不够，也可能是游戏开发人员对 AI 了解不够，但最主要是因为游戏行业的运行方式。

本质上，游戏行业受经济现实的限制，它们要规避高风险，并且往往很短视。大型电子游戏的开发通常需要 1~3 年的时间，需要数百名专业人士参与，通常会消耗工作室的大部分甚至全部资源。与此同时，游戏市场是热门游戏驱动的，平庸的游戏几乎赚不到钱。因此，游戏一定要很受欢迎，否则工作室就会破产。截止期限往往很紧张，因此游戏设计所用的技术必须能够正常运行。很多游戏开发工作室都无法确知自己发布一款游戏后的命运，因此他们通常缺乏研究或长期开发的方式。

在这种情况下，游戏开发商很难接受这些可能会产生奇迹但又可能很难使用的新 AI 技术。相反，游戏设计通常使用现有的成熟技术，例如构成第 362 号敌人大脑的有限状态机和寻路算法。游戏被设计为不需要（非凡的）人工智能。我们将在第 9 章讨论为什么游戏设计不考虑 AI，以及怎样应对这一点。

当然，未来还没有到来，我想象中的游戏也还没有出现，因为我们还没有这样的技术。目前，我们成熟的 AI 技术主要用于解决有明确定义的计算问题。要建立能处理未明确定义、几乎是脚本化的情况的人工智能还很困难。可以处理紧急情况、进行学习和适应的 AI 在很大程度上仍处于起步阶段。

而且，我们不要忘记，对于某些类型的游戏，即使是得到明确定义的问题，目前的人工智能方法也具有局限性。以策略游戏为例，例如《文明》系列回合制史诗策略游戏，在这款游戏中，你将引导一个文明从新石器时代发展到太空时代，在这个过程中进行探索、扩张、战争和研究。与其他策略游戏类似，在任何给定时间点，你会看到世界各地散布着的大量"单元"（军事的或其他的），你需要告诉它们该怎么做。与国际象棋、围棋或跳棋类似，你每一回合只能移动或放置一个单元。在《文明》这样的游戏中，你同时拥有如此多的单元，这意味着你可以选择的行动在数量上能达到天文数字（见图4-2）。如果你拥有一个可以移动到10个不同位置的单元（或

图4-2　在《文明》系列游戏中，你将引导一个文明经历几千年的扩张、探索、外交和战争。对于计算机和人类来说，这种可能性空间非常巨大。

者通常采用 10 种不同的行动），则分支因子为 10；如果有两个单元，则分支因子为 10 × 10=100；如果有三个单元，则分支因子为 10 × 10 × 10=1 000，以此类推。分支因子很快就会达到数百万甚至数十亿。

在这种情况下，诸如极大极小算法很快就会崩溃。要考虑的可行行动太多了，搜索几乎无法启动对每个行动后果的评估。这就是为什么《文明》游戏（主要是单人游戏）[1] 因"落后的 AI"为人诟病；计算机控制的单元很少相互协调，并且通常显得很愚蠢。为了提供竞争挑战，游戏必须"作弊"，从玩家看不到的地方变出新的单元。在其他策略游戏中也有类似情况。实时策略游戏《星际争霸》是玩家与玩家之间的竞技比赛，自 2010 年以来，《星际争霸》也一直在比对人工智能玩家。尽管做出了种种努力，但《星际争霸》的最佳 AI 玩家甚至没能超过人类新手玩家。我们当前的人工智能方法还不足以处理游戏的复杂性（在不同的时间尺度上产生的可选择行动的数量）。[2]

---

[1] Elias et al.（2012）。根据埃利亚斯（Elias）的分类，这款游戏（以及其他许多被认为是单人游戏的游戏）实际上是 1.5 人游戏，在这样的游戏中人类玩家要对抗 AI。本书为了简化描述，我将继续把这类游戏称为单人游戏。

[2] 想要对人工智能的技术和《星际争霸》的人工智能玩家有全面的了解可参考 Ontanón et al.（2013）。

到目前为止，我们仅研究了 AI 在玩游戏或控制游戏角色的内容，尽管这两个任务有所差异，但密切相关。正如我们在第 2 章中看到的那样，计算机问世以来，研究人员就开始研究使用 AI 玩经典棋盘游戏。最近，越来越多的研究人员开始研究可以玩电子游戏的 AI 和能够让非玩家角色做出有意思的行为的新方法。但是人工智能方法的用途远不止于此。如果要实现我们本章提到的 AI 驱动游戏的愿景，AI 需要能调整其行为，从以前的失败和成功中学习，了解玩家知道和喜欢的东西，构建新关卡和游戏，与我们一起积累设计经验。在接下来的几章中，我们将探索一些最新的人工智能研究，这些研究尝试发明可以完成这些事情的 AI。

第 5 章

培养一个大脑，让它学习玩游戏

到目前为止，本书已经介绍了几种可以用来玩游戏的不同类型的算法，尤其是第 2 章介绍了棋盘游戏中的极大极小算法，第 4 章介绍了第一人称射击游戏中 NPC 角色的有限状态机和 A * 算法。这些算法由人设计，并应用到我们称为电子游戏的复杂软件系统中。创造 AI 的工作就像建立这样一个系统：组装各种组件（算法），使它们相互支持，对它们进行调整以便协调一致地工作，测试最终产品的工作方式，然后从头再来。这就像制造一辆自行车、一个水泵或一个电子电路。构建这样的 AI 是一门手艺，是一种乏味的活动，它对醉心于希望人工智能能够自我学习、自我决定的浪漫主义思想家没有什么吸引力。[①] 更重要的是，创造 AI 是一个劳动密集型且昂贵的过程，任何游戏开发人员或其他人员（取决于产品中的人工智能应用程度）都希望这个过程能自动化。

可以自我开发的 AI 是一个美妙的想法，这样我们就不必自己动手编程，只需告诉它应该学习做什么样的事情即可，不论对于 AI 浪漫主义者还是专注于财务利润的商务派人士，这听起来都比人工编写 AI 更有吸引力。让我们看看如何做到这一点。一种方式是以我们人类被创造出来的方式来创造 AI——达尔文的进化论。

一个简单的想法

对于现代西方社会中的大多数人来说，自然选择的进化论已经广为接受，这几乎是不言而喻的。但是就在 150 年前，当查尔斯·达尔文出版《物种起源》时，进化论被认为是激进的、异端的和危险的。[②] 对于当时的人来说，它是不可能

---

① 和其他人一样，我进入 AI 领域时是一个浪漫主义者，最后被改造成一个功利主义者。但浪漫主义的特征仍然存在于我体内，时不时地流露出来。
② Darwin（1859）。

的，也完全不合情理。进化论的核心思想是自然选择，这一点很容易与其他各种思想混为一谈，归根到底，我们看看是否可以在计算机上重现进化论。

使进化发挥作用需要三个要素：变异、（不完美的）遗传和选择。变异意味着个体之间应该有一些差异。它隐含的假设是存在所谓的个体（稍后我们会详细介绍）以及存在不止一个个体。所有个体的集合称为群体（population）。遗传意味着个体可以自己繁殖，也可以与其他个体一起繁殖，并且这种繁殖所产生的后代在某种程度上类似于他们的"双亲"。通常，我们假设遗传不是完美的，后代不是双亲完全相同的克隆。如果群体较小，并且双亲可以在不与其他双亲混合的情况下进行无性繁殖，这一假设就是必要条件。最后，选择意味着出于某种原因，有些人的后代会比其他人多。我们说，拥有更多后代的个体比其他个体更"适合"，而一个个体的"健康状况"可以通过该个体拥有多少后代来表示。

让我们以兔子为例。首先，变异存在于个体之间。所有的兔子都彼此不同，即使你我无法分辨出一只兔子和另一只兔子的区别，兔子和兔子之间是可以彼此区分的。变异也具有一些功能上的意义。例如，有些兔子的腿长，可以跑得更快，还有一些兔子的眼睛更锐利，可以在更远的距离发现狐狸。其次，兔子能够遗传。和所有其他动植物一样，兔子的蓝图来自其DNA。兔子进行有性繁殖，使一只兔子的DNA与另一只兔子的DNA重组。通常来说，每一代的DNA都会有一些微小的变化，来源于细胞分裂过程中复制DNA串时出现的转录错误，这一错误被称为突变。最后，选择可以通过多种方式发生。虽然我对使兔子相互吸引的原因知之甚少，但有一种选择形式非常明显，被狐狸抓到的兔子所产生的后代数量不及那些跑得过狐狸的兔子。选择不仅取决于兔子的个体，还取决于整个种群——要跑得过狐狸，实际上不一定要比狐狸跑得快，只需要比其他兔子跑得快。因此，只要能跑得更快、更好地避开狐狸，或眼睛更敏锐，都可能意味着兔子的适应性（fitness）更高。经过许多代之后，这些兔子就会变成优秀的兔子，或者至少是那些跑得过狐狸的兔子。

当然，狐狸也会通过自然选择进化。尽管狐狸种群和兔子种群的变异和遗传非常相似，但选择的作用却有所不同。捉不住兔子的狐狸会饿死，也就不会繁殖后代，而捉住并吃掉兔子的狐狸会获得足够的营养生存下去并生育后代。当然，狐狸是否抓得到兔子取决于狐狸和兔子（可能还有同一种群中的其他兔子）。因此，狐狸的适应性与兔子的适应性在一个被称为协同进化的过程中耦合。狐狸种群和兔子种群进入"军备竞赛"，狐狸在追赶兔子方面发展出越来越好的战术和身体特征，兔子在逃避狐狸方面也发展出越来越好的方法。经过几代兔子和几代狐狸的共同进化，有些兔子仍然会被狐狸捉住，当然大多数都逃脱了。但是，如果有一只一千多个世代以前的兔子遇到最新一代的狐狸，那只狐狸肯定会赢，反之亦然。共同进化的军备竞赛是引发自然界一系列引人入胜的现象的原因，比如，猎豹和瞪羚超快的速度；靠蜂鸟授粉的花朵的奇特形状，它们将珍贵的花蜜藏在花朵最深处。

但是，本章不会详细描述鸟类和蜜蜂。我要谈论的是如何培养一个头脑，这样我们就能看看进化如何应用于计算机程序。首先是变异。想象一个由各种各样的计算机程序组成的群体，它们的源代码不同，功能也不同。在最简单的情况下，这些程序一开始都是随机的。其次是遗传。简单地复制程序就可以使它产生后代，然后通过引入一些突变（更改一小部分源代码）来使遗传不完美。我们还可以结合两个父程序的源代码，分别从两个程序中获取一些代码，创造一个子程序，这个过程称为交叉。最后是选择。我们只需衡量程序在执行方面的性能，能够在多个任务中运行良好的程序适应性更高。任务可以是你希望计算机程序执行的任何操作，比如，对列表进行排序，绘制图片或玩游戏。基于这种适应性度量，我们可以舍弃不良程序，并制作优秀程序的变异或重组副本。这是代码吃代码的世界！

你觉得这合理吗？如果你觉得不合理，我完全能理解。要从一开始就相信我们进化程序很难，因为有很多充分的证据已经说明了为什么不能。例如，随机程序不可能在任何方面都表现出色。实际上，它们甚至可能无法运行。那么，你如何为一个毫无价值的计算机程序群体赋予适应性的值呢？至于变异，在程序中引入随机更改很可能会使它变得更糟，甚至被破坏，让它无法运行。我们很难看出这一步会如何改进程序。

然而进化不仅在自然界中有效，在计算机中也有效，它能够发挥作用。进化算法（evolutionary algorithm）是基于进化原则的算法，这些原则都是人工选择的，它们经常用于各种任务，例如预测金融时间序列、控制喷气发动机以及设计雷达天线。而且正如我们将看到的，一些优秀的游戏性 AI至少部分是通过进化算法构建的。下面的内容将有助于我们理解这种不太可能的过程是如何实现的。

首先，固然随机构造的程序通常不擅长解决某个给定的任务，但是让程序实际解决给定的任务并不是必需的。我们要让程序进化，只需找到一种方法区分哪些程序在完成任务时不那么一无是处——或者哪些程序在任务中搞砸得最少，并选择它们进行复制。经过足够多代的进化，程序可以从毫无用处到不那么令人失望，从坏到不那么坏再到好、更好，直到非常好。但是，要做到这一点，我们需要一个适应性函数，这是一种让程序给适应性赋值的方法，可以捕获所有细微的差别。正是由于这一原因，游戏非常适合 AI 研究——游戏中很容易通过得分或排名来精确衡量玩家的表现。我将在后文描述良好的适应性函数如何帮助我们开发出赛车游戏的玩家程序（玩得肯定比我好）。

其次，对那些用 Java、Python 或 C++ 等标准编程语言编写的程序进行随机更改很可能会破坏程序。对代码进行的大多数更改都会导致程序完全无法运行，就像从叠叠乐中随机抽掉一块就可能会导致整个玩具倒塌，从国际象棋游戏中拿掉一颗棋子，游戏平衡将彻底改变。但是我们在进化程序时不需要使用这些标准语言。为程序选择正确的表现形式非常重要，这能够保证进化正常进行。我们已经具备很多表现形式，能够在许多类型的程序中引入突变而不会造成灾难性影响，甚至有助于提高程序的适应性。神经网络就是一种良好的表现形式。

一个很小的大脑

像人工智能的许多其他概念一样，你可以从浪漫或务实的角度看到（并谈论）神经网络。从浪漫的角度来看，神经网络是小型大脑模拟器，它模仿大脑神经回路的核心功能。从务实的角度来看，神经网络只是非线性方程组，对输入数据进行几何变换。

图 5-1 展示了一个简单的神经网络。它分为四层：一

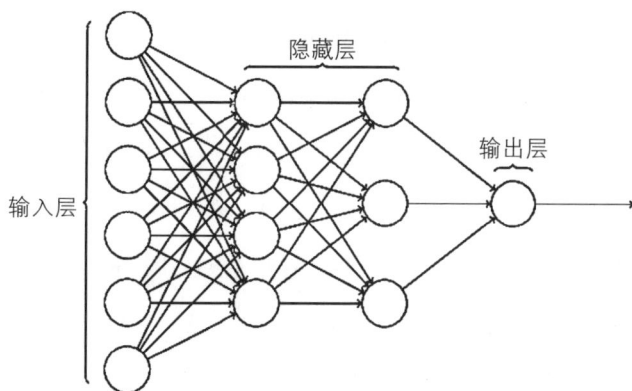

图 5-1　简单的神经网络

个输入层（具有六个节点），两个隐藏层（分别具有四个神经元和三个神经元）和一个输出层（仅具有一个神经元）。每个节点（类似于大脑中的生物神经元，通常被称为神经元）属于某个特定层级，并与下一层的所有神经元相连。这种类型的神经网络称为前馈神经网络（feedforward neural network），因为值是向前传递到下一层的。

使用前馈神经网络需要为输入层的神经元分配（输入）值，称为激活值。然后这些激活值通过神经元之间的连接传递到下一层，并且连接本身也具有值，即权重。当激活值从一个神经元传递到另一个神经元时，它将乘以神经元之间连接的权重。由于每一层的所有神经元都会连接到下一层的所有神经元，所以某一层（例如第一隐藏层）的神经元激活值由上一层（例如输入层）中所有神经元激活值乘以连接的权重再进行加总所得。当激活值传递到下一层时，再次加权求和。如此重复。

如果无法理解神经元激活值（实际上只是数字）乘以其他数字这一思想，可试着将神经网络看作管道系统。将某些液体（例如朗姆酒）倒入输入层，然后通过直径不同的管道从神经元传递到神经元。较粗的管道自然会让更多的液体通过，因此连接较粗管道的神经元能够从高激活值的神经元接收更多的液体，也能够传递更多的液体。此处的管道直径对应的就是连接的权重。

就是这么简单，但是还有一个重要的细节：神经元的激活值都是通过非线性函数（例如双曲正切或线性整流函数）计算得来的。这提高了神经网络的计算能力，但从概念层次来理解，我们可以忽略这一点。除了这一个细节之外，其他真的就是这么简单，至少基础知识是非常简单的。几乎所有类型的神经网络的基本思想——从神经元通过权重不同的连接传递激活值——都是相同的，包括那些连接强度不同的神经网络、循环回自身的神经网络，以及与其他连接共享权重的神经网络。即使如今被称为深度学习的超大型网络，其核心也可能是方程系统或管道系统（如果你愿意这样理解的话），可能具有数十个层级和数百万个连接。

这些简单的计算结构非常有效且用途广泛。从数学上讲，足够大的网络可以近似任何函数。神经网络能够学习识别人脸、驾驶汽车、创作音乐、翻译文本等，当然我们还可以教它们玩游戏。但是需要有人"教"它们或"训练"它们，这意味着需要设置所有连接的权重。因为连接的权重定义了神经网络能做什么，所以具有不同连接权重的相同神经网络结构可能擅长做完全不同的事情，例如会写法语、踢足球或发现钢板中的缺陷。如果神经网络的连接权重是随机的，那么它通常不擅长任何事情。

如何训练神经网络呢？基本上有两种方法。一种是我前面描述的进化算法。对程序的小更改在这里指对连接权重进行小的更改。下文我会解释如何使用进化算法来训练神经网络玩游戏。训练神经网络的另一种重要的方法，是对网络每一次犯错做出小的响应，并在神经网络中将更正从输出层传递到输入层。这被称为反向传播（Backpropagation），我们将在下文看到如何使用这种方法。

快者生存

2004 年我开始攻读博士学位时，我计划使用进化算法来训练神经网络控制机器人。这些机器人在执行诸如跟随其他机器人、不撞墙、解决迷宫等操作时，我会给予奖励。获得更多奖励的神经网络才能繁殖，最终我将拥有大量性能良好的神经网络。至少计划是这样的。当时，其他研究人员已经能够训练由机器人控制的神经网络来完成这些事情，但是我想做得更好！我想把多个神经网络连接在一起，然后一起训练它们，对此我已经有了一些想法。然而，当我开始实际尝试训练神经网络来控制这些机器人时，我发现这是一项非常艰巨的工作。机器人很笨，经常死机，我不得不维修，我还必须应对轮胎磨损、电缆断裂等问题，我感觉永远都不会取得任何进展。

于是，我抛弃了现实世界，转向电子游戏。

我的想法是我可以使用电子游戏（而不是机器人）作为测试算法的环境。电子游戏具有机器人的大多数理想品质，却没有机器人那些恼人的问题。特别是你不必建造昂贵的机器人或真实的障碍物，你可以加快游戏速度来加快测试的速度（比现实世界中的速度快得多，在许多情况下会快数千倍），并且出现问题时，你只需重启游戏即可。游戏角色崩溃后，你不必清理像素，也不必花钱建造新游戏。

我决定从赛车游戏开始，因为它们具有良好的难度曲线——学习基本技能相对简单，按下加速键就是直线前进，但如果遇上弯道或是要超越其他赛车同时避免发生碰撞，情况就变得复杂了。想要在比赛中控制好赛车需要学习很多东西，否则就不会有大规模的国际比赛了。[①] 我开发了一个简

---

① 在我开始这项研究时，我还没有驾照，住在英格兰科尔切斯特镇外面。我现在搬到了纽约，仍然没有驾照。我一直认为我应该在自动驾驶汽车出现以前拿到驾照，我必须学习在曼哈顿开车。似乎我喜欢以高难度玩这款游戏。

单的赛车游戏以及一种使用神经网络驾驶赛车的方法。

　　神经网络用于驾驶赛车的方式非常简单：神经网络的输入就是驾驶员的"视线"，输出即方向盘和踏板。我做了多种设置，在其中的一种设置中，输入层有 8 个神经元，6 个神经元连接到模拟的距离检测传感器，该传感器会回传在 6 个不同的方向上汽车与道路边线以及其他汽车的距离，还有两个神经元分别连接里程表和一个回传道路相对角度的传感器。这个神经网络的隐藏层具有 6 个神经元，输出层只有两个神经元，它们连接到加速器 / 制动器和转向器。

　　这样一个神经网络的连接权重是随机的，将其用来控制汽车，它要么什么都做不了，要么很糟糕，例如使车冲出赛道、造成撞车。但是如果有 100 个这样的神经网络，虽然它们的连接权重是随机的，也能在其中找到一些神经网络表现得优于其他。要将其转化为进化算法，我们只需要一个适应性函数，以及一种进行选择和变异的方法。在这种情况下，适应性函数非常简单。汽车在 30 秒内行驶了多远？如果使用 100 个神经网络组成的群体，则我使用的进化算法将尝试所有神经网络，并删除性能最差的 50 个网络，也就是在 30 秒内行驶距离最短的那些神经网络，然后用性能最佳的 50 个网络的副本替换它们，在复制过程中增加突变，随机更改网络中某些连接的权重。

这个简单的过程就像有魔力一样。只要经过十几代，我就能拥有能够很好地驾驶汽车的神经网络，而经过一百代，我将获得一个可以比我更好地驾驶汽车的神经网络！因此，我仍然可以再次体验在游戏中被自己开发的 AI 程序击败（我强烈觉得你应该享受一下这种体验），但是与几年前我做的跳棋比赛程序不同，我没有具体写明程序如何执行其任务，而是让程序自己学习怎样解决任务。

我说这个程序像具有魔力一样，它实际上也会遇到麻烦。训练神经网络围绕特定的赛道行驶确实像有魔力一样。但是使用相同的神经网络控制赛车在不同赛道上行驶，它们就无法很好地发挥作用了，在很多情况下，赛车无法完成转弯，并且会偏离赛道。对此我感到有些困惑，后来我意识到，我用来训练神经网络的赛道过于简单，不具有挑战性，比如，它只包含左转弯。于是我建立了一种新的训练方式：每当神经网络学会在一个赛道上熟练行驶时，我都会在适应性函数中添加新的不同赛道。这样一来，神经网络的适应性将取决于它在多个赛道上的表现。这种方法非常有效，并且很快就使新的神经网络能够在我想出的任何赛道上熟练行驶。尽管总的来说，它们比在单个赛道上训练出的神经网络要谨慎得多。

那么和其他汽车比赛的情形又是如何呢？毫不奇怪，如果神经网络所受的训练是只会自己行驶，没有受过恼人的竞争对手干扰，该神经网络在与其他赛车比赛时就会出现混乱。因为神经网络以前从未遇到过其他汽车，所以它不知道如何避免撞车，也不知道要避开，甚至不知道什么是撞车。通过与其他赛车比赛的训练可以纠正神经网络，并且通常会让神经网络更好地驾驶汽车，这取决于适应性函数。当需要考虑其他汽车时，我们需要回过头来重新考虑适应性函数。

适应性函数在学习独自在赛道上比赛时非常有效，它只需测量汽车在 30 秒内沿着赛道行驶的距离即可。但是在一场真正的赛车比赛中，真正重要的是位置（在其他汽车之前还是之后），因此适应性函数应该要反映这一点。这种情况更像自然界中的共同进化——其中一个物种（或更普遍的一个群体）的个体适应能力部分取决于另一物种，就如本章前面提到的兔子和狐狸的例子。当然，与其他任何游戏一样，赛车游戏中的成功策略在一定程度上取决于其他车手的驾驶方式。

适应性函数如果反映了实际赛车比赛的奖赏结构会发生什么？为了观察这一点，我将适应性改成与赛车更相关的因素，即在比赛结束时的位置是在另一辆赛车之前还是之后。很快，进化过程就发现了一种可行的策略，即极具侵略性，将另一辆车挤出赛道。这种行为似乎比学会快速驾驶、避免撞车和提高单圈时间优势要容易得多。或者说，一个学习了非攻击性策略的神经网络可能会被一个学习了攻击性策略的神经网络挤出赛道，于是适应性较弱。在任何情况下，我们都可以调整适应性函数的组成部分，轻松地在进化神经网络中调整其攻击性（向上或向下）。在游戏中创建有趣的角色时，这肯定很有用。

对速度的试错

进化计算可以描述为一个大量试错的过程。这似乎是一个极其浪费的过程，每一代神经网络中次于最优的那些神经网络都会被舍弃。它们在简短的"生命"中获得的任何信息都不会保存下来。然而，通过选择进行的进化过程，无论是在自然界还是在计算机程序上均有效。但是，还有其他方法可以让我们从经验中学习从而创造出有效 AI 并保留更多信息吗？

强化学习问题是指你所做的工作只能得到间歇反馈的情

况下如何学习执行任务。这个术语来自行为心理学，如今被引入计算机科学。解决这些问题的方法基本上有两种。一种就是进化算法，但并不常用；更常见的是自适应动态规划，例如 Q-learning 算法。

你可以这样想：进化计算模拟了多个生命周期内的学习类型，而 Q-learning（和类似算法）则模拟了某个生命周期内的学习类型。Q-learning 可以在执行任务时从多个事件中同步学习，而不是基于单个适应性值在执行完任务后进行学习。进化算法要对整个神经网络进行随机更改，而 Q-learning 算法是在特定方向上做出更改，以响应正面或负面的奖励。

在 Q-learning 算法中，神经网络的输入是代理的所见，就像我在上文描述的进化汽车控制网络。Q-learning 神经网络的输入还包括代理考虑采取的行动，以赛车游戏为例，即向左转向、向右转向、加速和制动（或这几种行动的组合）。输出即 Q 值，它评估了特定行动在特定状态下的表现。因此，网络将传感器输入和动作映射到 Q 值上，而不是将传感器输入映射到行动上。这种神经网络执行某项操作（例如驾驶汽车）的方式是，每当它需要做出决定时，它都会测试所有可能的行动，并使该动作在当前状态下具有最高的 Q 值。

　　显然，神经网络在实际应用之前需要进行训练，因此输出随机 Q 值的神经网络不可能赢得任何比赛，也不可能解决任何其他问题。使用 Q-learning 算法训练神经网络的基本思路是，将某种状态下采取的行动的预测值与在该种状态下采取该行动后观察到的实际值进行比较。如果实际值与预测值不同，则使用反向传播算法对神经网络进行微小的调整。例如，我们不知道在十字路口向左转弯是不是个好主意，于是试着左转，看看会发生什么。一旦知道发生了什么，就会更新在该路口左转的值。

　　但是，我们怎么知道在给定状态下采取某种行动的实际值呢？这取决于代理获得什么反馈或在哪些方面得到了加强。例如，在训练赛车比赛的神经网络时，你可以在每次达到目标或清出一部分赛道时给予正反馈（奖励），在每次偏离赛道或撞车时给予负反馈（惩罚）。如果反馈高于或低于期望值，则使用反向传播算法在反馈的方向上微微调整神经网络，以便在下一次遇到类似状态时更好地估计该行动的值。Q-learning 算法的核心是不断更新神经网络，以便根据时不时得到的奖励更好地估计其在给定状态下采取不同行动的效果。

　　我刚才概述的过程也存在问题。即使没有立即获得奖励，你也希望能够知道行动的效果。例如，如果你正在训练驾驶汽车，你想让神经网络学会即使稍微偏离赛道也是个坏主意，但必须等汽车驶出赛道并获得负面奖励（崩溃）；你还想让神经网络学会在起跑线上加速是个好主意，但必须花一段时间，等汽车真正完成比赛并获得丰厚的回报。同样，如果是玩俄罗斯方块，堆叠几层方块可以在合适的时候一次性清除多行，这是个好主意，尽管可能一行一行地来清除能够获得短期收益。在现实生活中，你有时可能会处于这样一些状态——采取某些行动会带来短期的奖励，比如过量饮酒；但是你可能已经了解，采取这样的行动会在长期中受到惩罚，比如第二天宿醉；更有可能在更长期中造成负面影响，比如酗酒。在强化学习中，这被称为信用分配问题（credit assignment problem），这是一个非常困难的问题。

在 Q-learning 算法中，解决信用分配问题的标准方法是从期望的奖励中学习。因此，每次采取行动时，如果得不到实际的奖励或惩罚，它会根据神经网络对下一个最佳行动的价值的估计，来调整神经网络对刚刚采取的行动的价值的估计。神经网络本质上是在自我确认应该加强什么。听起来很不可思议，但是鉴于网络会时不时从世界（或游戏）中获得实际的加强，因此从理论上讲，此过程应该可行。在实践中，很长一段时间以来，Q-learning 算法一直没能可靠地解决复杂问题。但是，在 2015 年，总部位于伦敦的 AI 研究公司 DeepMind 的一组研究人员设法让 Q-learning 算法在 Atari 2600 控制台上玩了许多经典的街机游戏，比如《导弹指令》（*Missile Command*）和《吃豆人》（*Pac-Man*）。[①] 训练这些神经网络需要大量的计算机能力，每个游戏要花计算机一个多月的时间，但是在很多情况下神经网络比人类玩得更好。

那么哪种类型的算法更适合学习玩游戏：Q-learning 算法还是进化算法？从理论上讲，Q-learning 应该能够利用更多信息，因为它可以使用更频繁的强化，并且还能够对神经网络的权重进行有针对性的调整，而进化算法只进行随机更改。但是，似乎进化算法可以更自由地发展不直接依赖奖励的策略，并且也能够改变网络的结构，而不仅仅是权重。你可能会说，Q-learning 算法通过逐步调整策略来响应反馈，而进化算法则大胆地提出了完整的新策略，并对其进行整体测试。

实际上，熟练的专业人员可以得心应手地使用这两种方法执行任务，但是目前我们面对的大多数学习方法不能立

---

① 　Mnih et al.（2015）。

即使用。从长远来看，我们可以从自然界中寻找灵感：动物（包括我们）在其一生中会不断学习，也会一代代不停地学习，并且我们可能同样需要同时使用两种学习方法，才能建立自我学习并完成复杂任务的系统。

第 6 章

你在玩游戏时游戏在学你

如前几章所述，我们从游戏中学习如何玩游戏以及其他技能。我们还可以开发学习玩游戏的算法。让我们反过来思考一下，游戏可以学我们吗？如果可以，它们能学到什么？我们是否可以开发一种算法，它可以让游戏通过与我们的互动来了解我们？

玩游戏时，你会不断地向游戏提供信息——你按按钮和使用控制杆的方式，以及你在许多游戏中输入的文本信息。你会不断做出选择——往这边或那边跑，在对话中对角色做出肯定或否定的回应，是否攻击敌人以及使用哪种武器。在整个游戏过程中，有些选择是复杂且明确的，例如你玩的角色的个性和其他特征，或者你统治的国家的形状和政治取向；还有些情况发生在一瞬间，例如到底在什么时候跳离屋顶才能避免落入间隙。

所有这些都是可以用数字和其他符号表示清楚的信息。对于电脑游戏（包括标准电脑游戏以及棋盘游戏和纸牌游戏的数字版本），这很方便，因为存储和处理信息正是计算机的强项。电脑游戏完全可以存储以往的所有输入，然后使用聪明的算法对其进行分析。如今，我们玩游戏所使用的全部设备——电脑、智能手机、游戏机——都已连通了互联网。有了互联网，游戏就很有可能"打电话回家"，将收集到的你的所有游戏数据以原始形式或汇总形式发送给开发该游戏的公司的服务器。游戏开发人员可以对数据运行各种算法，找出玩家群体有关的信息。实际上，最近的许多电子游戏已经能做到这一点了。

但是游戏可以向你学习哪些东西呢？

你会怎么做

就像你可以从游戏中学习如何玩一样，游戏也可以从玩家那里学习如何玩。通过查看玩家玩游戏的记录，可以发现玩家在每种情况下通常会怎么做。这些信息可以用来创建一种像普通玩家一样玩游戏的 AI，它只需在每种情况下都采取玩家最常采取的行动。接下来我们看看这是如何做到的。我们可以想象一下，游戏中只存储了玩家在游戏中曾经经历过的所有情况以及玩家在每种情况下所采取的行动，这是一个很长的清单。假设我们可以用数字来描述这些情况，例如游戏世界中玩家的坐标、健康状况、与最近的 NPC 的相对位置等。将所有这些数据存储在一个长列表中，我们就可以创建一个可以像人类玩家一样玩游戏的 AI 代理。在每个时间点，只需查看代理角色所处的情况，然后在长列表中找到该情况，采取玩家所采取的行动。简洁明了，不是吗？

　　然而，这个简单的解决方案存在两个问题。一个问题是玩家遇到的所有情况会是一个非常长的列表，如果玩家玩 10个小时，你每秒记录 10 次，这个列表将非常长；如果你还想从数百个玩家或数百万个玩家那里学习，列表的长度将超乎想象。列表的长度问题不仅是将其存储在计算机内存中的问题，而且关系到能否快速查找这些情况。你肯定不想每次要弄清楚该怎么做时都要查看数百万个行动记录。我们需要一种更紧凑的方式来存储一个（或多个）玩家的完整游戏记录。

　　另一个问题是，即使你花了 10 个小时玩游戏，你也可能没有完全经历游戏中的所有可能情况。实际上，即使你的列表中有数百名玩家，你的列表也仍有可能没有记录很多潜在情况。每一个游戏，不管多平常，它所具有的不同游戏状态的数量都非常惊人，比宇宙中星星的数量还多。[①] 因此还需要代理 AI 能够处理玩家没有遇到过的情况。为此，我们需要一种一般性的方法。

幸运的是，你可以使用反向传播算法来训练神经网络，预测玩家会怎么做。这与我在上一章中讨论的通过反复试验来学习如何驾驶汽车的方法相同。两者的区别在于，这里我们不是将反向传播用于强化学习，而是用于监督学习。在监督学习中，有一个"实例"列表，每个实例都有一些特征，描述了这些实例的不同方面和目标值。代理在学习像人一样玩游戏时，每个实例都包含了描述代理玩家所处情况的特征，以及玩家在该种情况下采取的行动。反向传播算法被用来训练神经网络重现此列表。我们应该还记得，在强化学习中，反向传播算法会根据神经网络决定采取的行动所导致的结果是好还是坏来改变神经网络的权重。在监督学习中，它

---

① 虽然天文学和物理学的其他分支需要处理大量数字，但是计算机科学处理的数字数量更大。这就需要组合数学。0 到 9 之间任意 6 位数可以有 100 万种组合（000000 到 999999 之间的所有数字）。同样，如果你的游戏状态由 1 000 字节内存表示，你可能有大约 102 456 种游戏状态，也即 1 后面有 2 456 个 0。

根据神经网络决定采取的行动与人类的行动是否相同来改变权重。使用这个简单的原理，我们可以训练神经网络预测玩家在每种情况下采取的行动，并且这种预测通常非常准确。这样做的最大优点是，神经网络比用来训练它的一长串情况和相对应的行动的列表要小得多，并且"询问"神经网络采取什么行动要比在一张大表中查找状态快得多。这样的神经网络通常还具有很好的一般性，这意味着，它可以根据玩家在类似情况下如何行动来训练代理在玩家从未遇到过的情况下如何行动。

在游戏中你是谁

对于游戏开发者来说，至关重要的是要知道游戏玩家是谁，玩家擅长什么，不擅长什么，喜欢什么，不喜欢什么，以及他们通常会在游戏中怎么做。游戏世界之外，营销人员在识别和描述产品的潜在用户时会使用诸如目标群体分析和市场细分之类的术语，从而使生产该产品的公司知道如何销售或改进该产品。在游戏领域，我们谈论玩家类型分析。这个想法是，游戏的玩家可以分为不同的组或类型，每种类型的玩家行为相似且具有相似的偏好。在线多人游戏的先驱理查德·巴特尔（Richard Bartle）曾在20世纪80年代对确定玩家类型做过早期且很有影响力的尝试。巴特尔以他对基于文本的在线游戏MUD中的玩家的观察为基础，确定了四种玩家类型：喜欢积累积分并在游戏中取得领先的成就者（achiever）；喜欢探索游戏空间和规则系统，找出新空间或新玩法的探险者（explorer）；因有机会与他人闲逛和交流而被网络游戏吸引的社交者（socializer）；喜欢对其他玩家的游戏角色造成伤害的杀手（killer）。[①]

　　显然，这种分类最适合基于其设计的游戏类型——在线多人游戏。尽管成就者和探险者的类别很容易应用于《超级马里奥兄弟》和《愤怒的小鸟》（也许还有国际象棋，虽然目前尚不清楚探索在这种游戏中的含义），但社交者和杀手对一人或两人游戏没有任何意义。你可能需要为每个游戏或至少每种游戏确定不同的玩家类型。幸运的是，现在我们已经有了相关的工具——游戏收集了我们的所有数据，我们也具备了现代数据处理和机器学习技术。换句话说，游戏可以向玩家学习玩家的类型。

　　2009年，我在哥本哈根信息技术大学（ITU）的同事

---

① 　在巴特尔最初的论文中指多用户虚拟空间游戏（MUD），但此后被用于讨论所有游戏类型的玩家并对他们进行分类，见Bartle（1996）。

亚历山德罗·卡诺萨（Alessandro Canossa）、安德斯·德拉琴（Anders Drachen）和乔治斯·亚纳卡基斯（Georgios Yannakakis）掌握了一个玩家数据库。通过与视频游戏发行商 Square Enix 欧洲公司的合作，他们可以访问大约 100 万个玩家在 XBox 360 上玩《古墓丽影 8：地下世界》（*Tomb Raider: Underworld*）的数据。《古墓丽影》系列游戏属于动作冒险游戏，玩家扮演其中的角色，即冒险家劳拉·克罗夫特（Lara Croft），在一个三维世界中漫游，解决难题并与坏人和怪物战斗（见图 6-1）。开发人员在代码中加入了相关功能，玩家每次完成关卡，游戏都会与 Square Enix 的服务器连接，上传玩家通关的大量信息。这些信息包括玩家角色在关卡各个部

图 6-1 《古墓丽影 8：地下世界》中的场景（Crystal Dynamics，2008 年）

分花费的时间，发现了多少宝藏，杀死了多少敌人以及玩家使用游戏帮助系统的频率等。在 2009 年，这还是一个未经测试的新主意，而在 2018 年，我们已经很难找到一款商业游戏不向开发商"打电话回家"收集玩家玩法的信息了，因此数据相当脏乱，我们需要做大量的工作，才能使它们供机器学习算法使用。

清理和重组后的数据被传送到被称为自组织映射（self-organizing maps）的算法。这是一种神经网络。就像我在上一章中讨论的那样，它是受人脑启发的计算结构，但工作原理与前面讨论的汽车驾驶网络完全不同。自组织映射会接收大量数据，并将实例分成不同的组，同一组内的实例最大限度地相似，而不同组中的实例则彼此尽可能不同。在机器学习语言中，这被称为群集（clustering），是无监督学习的一种形式（与有监督学习或强化学习相对）。我们事先不知道会获得多少组，这取决于数据，并且在某种程度上取决于如何配置自组织映射。在这种情况下，每个实例代表一个玩家，包含了精心选择的玩家在游戏中的行动的相关信息。如果得出四组数据，则分别代表四种玩家类型。

仅仅知道有四种类型的玩家并不能告诉我们太多。作为开发人员，我们想知道这些玩家类型代表什么，换句话说，

一种类型的玩家与另一种类型的玩家有何不同。因此，团队
考察了每种类型的代表玩家，比较了他们完成每种行动的程
度。团队确定了四种类型：老兵，他们很少死，收集了大部
分宝藏，并且通常玩得很好；问题解决者，他们很少使用帮
助系统或提示，他们玩起来很慢，喜欢自己解决所有游戏难
题；快跑者，他们通关游戏的速度很快，但经常求助帮助系
统，而且往往死得更频繁；和平主义者，他们善于解决游戏
中的难题，但不擅长战斗，并且会设法避免战斗。这些类型
显然不同于巴特尔的类型，这是可以理解的，因为我们研
究的游戏类型非常不同，玩家群体自然也不同。有趣的是，
Square Enix 的游戏开发人员在开发游戏时并未预见到和平主
义者这种类型的玩家，他们惊讶地发现这种类型的玩家的玩
法与他们的"设计初衷"不同。[1]

　　对于游戏开发者来说，虽然了解哪些类型的玩家在玩游
戏很有用，但了解玩家在游戏中做什么可能更有用。通常，
开发者希望玩家在游戏中停留尽可能长的时间，因为一个快
乐的玩家会向朋友推荐游戏，并可能购买下一款游戏。有些
游戏一开始是免费的，但要一直玩下去就会涉及升级，这是

---

[1]　　Drachen, Canossa, and Yannakakis (2009)。

半强制性的收费，这种收费很常见。对于这类游戏的开发者而言，至关重要的是能够预测哪些玩家会继续玩下去并最终付费，哪些玩家可能会停止玩游戏。为什么？只要知道哪些设计会让人留下并付费，就可以调整游戏赚更多的钱。此外，游戏开发人员也一定想了解玩家。

如今我已经是该团队的成员，和我们的一位博士生托比亚斯·马尔曼（Tobias Mahlmann）一样。我们团队的下一个任务是了解预测玩家行为的规则，这种规则会根据玩家在游戏初期的行为预测玩家在游戏后期的行为。我们要预测的玩家行为包括玩家在游戏的七个关卡中能够完成的最高关卡。从理论上讲，许多监督学习方法都可以用来预测这种情况，但其中有些方法更适合。我们尝试了几种方法预测玩家会玩到哪个关卡。最好的方法之一是决策树归纳法，该方法还具有一个优点，就是它的结果很便于我们理解。它会产生决策树，就像相互间包含的 if-then 规则长列表。以下是算法学习的一个示例：

IF Rewards on level 2 <18.5

THEN IF Time in Flushtunnel <9858: 2

ELSE (Time in Flushtunnel ≥ 9858): 3

ELSE (Rewards on level 2 ≥ 18.5): 7

换句话说，如果你第二个关卡累积了较低的分数，并且在 Flush Tunnel（第二关的某个区域）中花费的时间很少，那么你会在第二个关卡后就不玩了，并且永远也通不过第三关。否则，你会在第三个关卡后退出游戏。如果你在第二关获得了高分，那么你将通关整个游戏。

毫无疑问，这听起来像是一个非常愚蠢且任意的规则，看起来就像占星术，看不出来真正的人类游戏设计师能够想到这种规则。它也许很蠢，尽管如此，它仍建立在可靠的经验证据之上：对数万名玩家进行的测试显示，它的预测准确性为 76.7%。这意味着虽然肯定会有一些人在第二关获得了低奖励，但仍继续完成整个游戏，然而从统计学上讲，这种可能很小。从某种意义上说，花在某个通道上的时间应该可以用来确定玩家是在第二个关卡还是第三个关卡后放弃游戏，这可能是对常识的侮辱，但根据数据来看，情况就是如此。也许最值得注意的是，预测的准确性过高。这说明人类是可预测的，即使玩游戏也是。[1]

---

[1]　Mahlmann et al.（2010）。

在游戏外你是谁

到目前为止，我们已经看到，根据你属于什么类型的玩家以及未来你会怎么玩游戏，游戏可以进行学习。但是你不仅是游戏玩家，你是一个成熟的人类，有希望、有梦想、有恐惧、有态度、有朋友，也有自己的习惯。我们没有理由相信，当你坐在沙发上抓着 Xbox 游戏手柄时，你就只是一个玩家，你的其余部分都消失了。即使你短暂地成为马里奥、士官长或劳拉，你仍然是你。现在的问题是，你在玩游戏时会体现你的其他方面吗？通过分析你的玩法，游戏可以了解真实的你吗？

早在 2013 年，我和亚历山德罗有一位雄心勃勃的硕士研究生约瑟普·马丁内斯（Josep Martinez），我们正在为他寻找论文主题。亚历山德罗正在阅读人格心理学家斯蒂芬·赖斯（Stephen Reiss）的作品，赖斯设计了一个对人们的内在动机进行分类的模型，内在动机即在人生中激励人们的是什么。赖斯确定了 16 种广泛的内在动机：认同、好奇心、进食、家庭、荣誉、理想主义、独立性、秩序、身体锻炼、力量、浪漫、储蓄、社交、地位、安宁和复仇。每一种动机又分别有几个子类别，并且有一个经过充分测试的问卷可以用来评估生活动机。我们想知道，游戏中是否也表达了人们在现实生活中的动机。如果是，哪些游戏表达了哪些动机？

　　像许多其他人一样，亚历山德罗、约瑟普和我也对《我的世界》(Minecraft) 这款游戏着迷。《我的世界》是一款开放世界游戏，从 2010 年开始席卷全球。它在首次发布时还是一款有缺陷的测试版，但在当时是一款相当独特的游戏，虽然现在已经有许多模仿它的游戏。《我的世界》的独特性不仅因为它有独特的块状图形，还因为它为玩家提供了无与伦比的自由度。现在，该游戏已成为一款全球现象级游戏，用途广泛——从制作引擎电影（在电子游戏中自动制作动画）到教育，再到测试 AI 算法。《我的世界》可以说是角色扮演游戏和数字版乐高的交叉（见图 6-2）。你在进入游戏时一无所有，必须赶紧组装一些工具，以便在夜幕降临之前建立自己的住所，因为晚上会有怪物出现。要制造这些工具，你需要材料，而要获得这些材料，则需要挖地。在制作了更高级的工具之后，你就能挖得更深，挖到更多奇特的材料，这样你就可以建造更高级的建筑物和机械。只要有足够的时间和精力，你就可以建造任何想要的东西。在 YouTube 上搜索《我的世界》视频，可以看到成千上万个由玩家复制的现实生活中的著名建筑和交通工具（甚至有"企业号"星舰）。《我的世界》中也有一些故事情节，包括相当典型的角色扮

图 6-2　游戏《我的世界》（Mojang，2011 年）中的立方体世界。游戏围绕挖掘立方体材料来建造各种东西。

演类游戏任务，但是否遵循这个故事情节并执行任务完全是可选的，许多玩家都没有选择这个故事情节。

　　几乎所有游戏都提供多种不同的游戏风格，但《我的世界》中的游戏风格种类远超其他大多数游戏。我认为，可以肯定地说，玩《我的世界》的方式比玩《古墓丽影 8：地下世界》的方式更多。这些不同的游戏风格显然反映了不同的游戏动机：有些人的动机是完成任务；有些人的动机是建造宏伟的建筑物；还有些人的动机则是收集稀有资源。但是，这些动机与人们在现实生活中的动机有没有关系？一个主要关心自己家庭的人与一个主要关注职业成功的人是否在表现上有所不同？我们决定找出答案。

约瑟普向 100 个《我的世界》玩家发送了问卷，问卷的问题来自赖斯描述的动机。这些调查问卷用于为每个玩家构建个人资料，依据是每个玩家的主要动机。然后，他根据玩家的《我的世界》日志文件询问每个玩家。日志文件是游戏自动保存的一个小文件，其中包含 600 多个变量，包括玩家玩了几个小时，开采了多少红石矿石（红石可以用于制作电路）以及玩家乘猪走了多远（一种经常被忽视的交通方式）。提取并整理这些数据之后，我们对可能相关的游戏变量和内在动机的所有组合进行了分析。

相关性从统计学上讲是指两个因素之间存在关联。这并不必然意味着两者有因果关系——雨伞的销售量与你一年中某几周内看电视的时间具有相关性，但它们有可能（至少部分）都是由恶劣天气造成的。两个变量可以负相关，也可以正相关。例如，吸烟与寿命呈负相关，一个变量高时，另一个变量就低。在这种情况下，假设一个变量导致了另一个变量是合理的。

我们发现，所有的内在动机都与游戏中的一些变量显著相关。但是，有些内在动机仅与少数几个变量相关（这有可能是偶然），而另一些内在动机则与游戏中的大量变量相关，并且某些相关性很强，几乎可以打消一切怀疑。最密切相关的内在动机是好奇心、储蓄、复仇和荣誉，而浪漫、安宁和身体锻炼似乎在游戏中表达不多。在某些情况下，了解游戏的人对这些相关性具有直观感受；在其他情况下，这些相关性非常出乎意料且非常有趣。在现实生活中受好奇心驱使的人倾向于在游戏中制作大量的火把和石头工具，这是有道理的，因为这是探索游戏世界最经济有效的方式。受储蓄动机驱动的人倾向于在建造建筑物和制作工具时使用便宜而简单的材料；具有复仇动机的玩家会更频繁地退出游戏并重启，从较早的备份重新开始游戏，玩家称之为"愤怒退出"；现实生活中受独立性强烈驱动的玩家表现为拒绝执行游戏中的故事情节要求的任务，尤其是这类玩家根本不会尝试最终任务。内在动机的另一个有趣的表现是，强烈需要安宁的人会在房屋周围建造更多的围栏。可见，你在《我的世界》中扮演的角色在某些重要方面就是你自己。[1]

---

[1]　Canossa，Martinez，and Togelius（2013）。

这些结果可以从当时斯坦福大学的尼克·余（Nick Yee）和他的同事的研究中看到，后者研究了玩家如何在在线多人角色扮演游戏《魔兽世界》中表达自己的个性（而不是内在动机）（见图 6-3）。余使用了"大五人格"问卷，将人格特质分为开放性、责任心、外倾性、宜人性和神经质性五种类别。这些数据之间也存在很多相关性，例如有责任心的玩家更有可能收集各种物品，更不可能死于意外；开放性玩家会在游戏世界中尽可能地进行探索；外倾性玩家在游戏中具有更多的社交互动。[①] 由彼得·斯普朗克（Pieter Spronck）领导的团队——包括蒂尔堡大学（University of Tilburg）的绍莎娜·特科夫斯基（Shoshanna Tekofsky）——也在史诗战略游戏《文明》和射击游戏《战地风云 4》（*Battlefield 4*）中发现了类似的效应。例如，从玩家在《战地风云 4》中的玩法可以相对准确地预测玩家的性别和年龄。[②]

综上所述，我们从这项研究以及相关主题的许多其他研究中认识到，玩家在玩游戏时会表现出很多自我。只要游戏愿意，它不仅能够了解玩家在游戏中的个性和玩法，还能了

[①]　Ducheneaut, Nelson, and Likarish（2011）。

[②]　很多人的论文都介绍了这项研究，如 Tekofsky, Van Den Herik, Spronck, and Plaat（2013），以及 Tekofsky, Spronck, Goudbeek, Plaat, and Van Den Herik（2015）。

图 6-3 《魔兽世界》（暴雪，2004 年）是一个大型在线多人角色扮演游戏。在游戏中，玩家通过对话框和语音进行沟通。

解玩家在游戏外的很多个人信息。这些信息不仅为游戏开发人员也为想要了解人类的心理学家和其他社会科学家带来了许多有趣的机会。

　　但是这项研究也提出了许多复杂的问题。几年前，我在一个会议上发言，与会者有来自安全部门和其他政府机构的人员。我在演讲中讲到一件事，即从玩家的游戏行为中我们能了解多少信息。为了激起话题，我说我们有可能找出有关玩家的非常敏感的信息，例如他们的政治观点、性行为、吸毒和监禁的历史或健康状况。（注意：我没有做过相关的研究，也没有打算做这样的研究）我原本希望得到一些担心的反应，但是这些人只是简单地点点头，就好像在说"这是一个有趣的想法"。自那以后，我没少为此担心，害怕玩家建模会被用于邪恶的目的。我尤其担心个人信息被安全部门、社交网络公司、互联网提供商以及各种将服务出售给出价最高者的非法运营者滥用。我们必须要意识到，我们玩游戏时会留下丰富的数字足迹。不同之处在于，当我们在社交网络上发布信息时，我们意识到我们正在共享自己的信息；而当我们玩游戏时，我们认为自己只是在游戏世界中行动。但是正如我们前面说过的，我们会在游戏世界中表现出许多个性。

第 7 章

自动化创造力

阿达·洛芙莱斯（Ada Lovelace）被普遍认为是世界上第一位程序员。19 世纪中叶，她是第一个为查尔斯·巴贝奇（Charles Babbage）的分析机——一台雄心勃勃但从未付诸现实的机械计算机——编写程序的人。她也是最早指出计算机巨大潜力的人之一。虽然在她看来，"分析机不能自主地产生任何东西。它能做的只是我们让它做的事情，前提是我们知道怎样让它做"。在过去的一个半世纪中，特别是自真正的数字计算机发明以来，我们已经领略了计算机技术的巨大进步。但是，出乎意料的是，许多人仍然相信：尽管我们可以教计算机玩游戏，预测玩家的行动，甚至能够从玩家的行为中观察出玩家的个性特征，但计算机永远无法自己设计游戏；计算机离不开人类的创造力，因为计算机永远不可能从根本上创造出人类没有编程过的东西。

这种广泛传播的误解完全是错误的，很可能阻碍计算机技术和人工智能的发展。"自动化创造力"在某些人看来也许是一种矛盾的修辞，但事实上创造力在自动化上与其他人类认知能力相比不多不少。在本章中，我将讨论一些可以用来完成创意工作的人工智能方法，尤其是涉及游戏领域的（至少在人类进行这些工作时，它们被称为创意）。我还将研究如何使用人工智能来增强我们在此类设计任务中的创造力。但是首先，让我们倒带回到十多年前。

我在 2006 年才获得博士学位，当时我已经发表了几篇关于如何发展神经网络来驾驶汽车或玩游戏的论文。这些论文得到研究界的广泛认同，但这些研究不是开创性的。我已经证明神经进化在某种类型的游戏中奏效，但我所做的只是采用了一种著名的机器人技术方法，并展示了如何使其在某些类型的游戏中发挥作用。我正在考虑博士项目的下一步做什么。我能想到的一个主意是尝试用更复杂的信息（例如原始视觉数据）作为神经网络的输入，但这似乎还不够激动人心。

有一天，我在洗澡的时候突然有了另一个主意。进化算法显然可以用来创建游戏代理（以神经网络的形式）。那么是否可以使用相同的原理（进化算法）来创建游戏的其他部分（例如关卡）？[①]

我向我的朋友伦索·德耐迪（Renzo De Nardi）提到了这个想法，他觉得很有趣，并同意提供帮助。因为有一个合适的会议，截止日期只有一周多，我们认为应该有足够的时间来完善概念，编写代码，设计和运行实验以及撰写论文。（毫无根据的乐观和彻夜工作的意愿是做博士的有用资产。）我们仍旧选择了赛车游戏——我在先前为进化神经网络驱动汽车而进行的实验中开发的，因为我们已经知道该代码如何运行。我们立即面临两个问题：如何表示赛道，以便进化过程可以有效地寻找好的赛道；如何创建适应性函数以准确地评估赛道是"好的"或"令人愉快的"。

第一个问题不那么简单，但也不是很难解决。我们使用一种被称为 b 样条（b-splines）的技术来表示赛道，赛道被表示为一系列数字，这些数字描述的是赛道弯曲的方式。就像神经网络一样，赛道的"基因组"变成了一个简单的数字列表。

第二个问题要棘手得多，同时也涉及美学上的基本问

---

① 该项目的主要论文有：Togelius，De Nardi，and Lucas（2007）。

题。我们怎么判断赛道或游戏关卡或任何类型的游戏内容有
多好呢？更具体一些来说就是，我们应该如何编写程序代码
来自动评估赛道，即用一个数字表示玩赛车游戏时人们感到
兴奋、有趣或有娱乐性的程度呢？从表面上看，这似乎是不
可能完成的任务。连人都没见过，我们怎么知道这个人对游
戏关卡的感受呢？我们不得不模拟人类整体，并询问这个模
拟对象的想法，委婉地说，这实在超出了我们的技术能力。
如果你仍然无法相信这个问题有多困难，可以想象一下，编
写一个程序来评价绘画，给绘画作品打 1 到 10 的分数，以
此来反映专业艺术评论家对绘画的欣赏程度。这个问题简直
让人不知道该从哪儿入手。诸如此类的问题有时被称为 AI
完备问题（AI-complete problems），它所反映的想法是，我
们首先需要开发通用的人类级 AI 才能解决这些问题。

　　但是与许多其他非常棘手的问题一样，事实证明，如果
你不关心完全正确的解决问题的方法，只是想得到一些大致
的结果，那么你也许能取得很大的进步。在我们的案例中，
我们研究了游戏设计理论①，上手玩了一些赛车游戏，看看是
否能发现一些简单的规则，用这些规则来表示一个赛道比另

---

① 我们从一些研究中获得启发，包括 Thomas Malone（1981）和 Raph Koster（2005）。

一个赛道好。我们针对良好的赛道提出了以下启发式规则：

- 难度适中。
- 具有不同类型的挑战，如一些急转弯和一些平滑弯道。
- 在赛道的某一段，要能真正地加速行驶。

我们如何判断赛道是否具有这些属性？最简单的方法是上赛道看看会发生什么。我们可以看看玩家能不能跑完一圈，最大和最小速度差多少（表明存在不同类型的挑战）以及最大速度是多少。然后，我们可以创建一个反映这三个值的适应性函数，这样一来，进化算法就能够搜索出具有我们列出的所有三个属性的赛道。

剩下的问题就是玩家。我们不能让真正的人来玩赛车，因为进化算法需要尝试数千个甚至数万个具有微小变化的不同赛道。让人类来玩实在太慢了，而且人类很容易疲劳。我们需要一个人造的玩家来玩我们的赛道，评估赛道的质量。幸运的是，我一直在研究神经网络驱动汽车应用于赛车游戏，因此我们可以使用这些神经网络驱动器来测试赛道。我们可以训练神经网络像人类一样驾驶，因此我们可以结合使用进化算法和我在上一章介绍的反向传播算法来发展适合自己驾驶风格的赛道。

伦索和我训练了一些神经网络来像我们自己一样驾驶汽车。根据我的游戏数据进行训练的神经网络快速而鲁莽，而根据伦索的游戏数据进行训练的神经网络则缓慢而谨慎（请注意，这仅反映我们在赛车游戏中的驾驶方式；在线下的现实生活中，我实际上没有驾驶执照）。然后，我们开发了适合我们俩不同驾驶方式的赛道。结果如图 7-1 所示。

从那以后，我与不同的团队合作，在许多游戏和不同类型的关卡中采用了这种总体思路，即通过进化来创建新的游戏关卡，然后用代理玩家测试评估游戏关卡。例如，我们证明了我们可以为《星际争霸》自动创建平衡地图，为《超级马里奥兄弟》自动创建关卡。我们这种总体思路"基于搜索过程的内容生成"，因为游戏内容是通过搜索过程生成的，在我们的例子中是基于人工进化的。我们所要做的就是用适当的方式表示游戏内容以及建立适合的适应性函数（正如我们所看到的，这部分可能很棘手）。[①]

将创造力视为在潜在的人工制品中进行搜索的想法并不

---

① 基于搜索过程的内容生成这一想法具体见 Togelius，Yannakakis，Stanley，and Brown（2011）。有关《星际争霸》《超级马里奥兄弟》的研究见 Togelius et al.（2013）和 Dahlskog and Togelius（2014）。还有人将内容生成视为搜索的观点是使用约束求解器，如 Smith and Mateas（2010）和 Smith，Whitehead and Mateas（2011）。

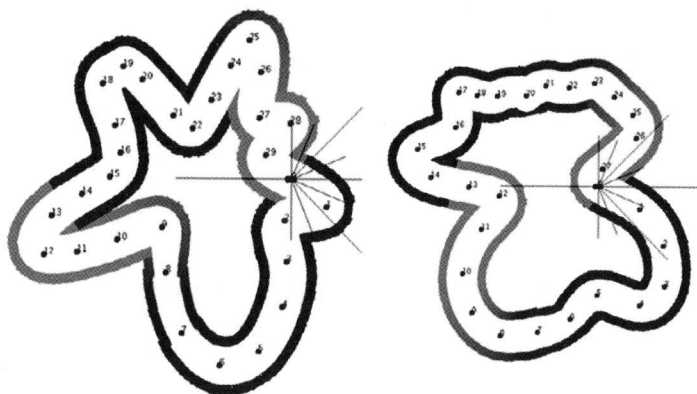

图 7-1　根据神经网络发展而来的赛道。

新鲜，英国哲学家玛格丽特·博登（Margaret Boden）就曾对此进行了详尽的讨论。[①] 基于搜索的方法来生成音乐、图像等的示例也很多。很明显，将创造力视为搜索，创造力就与其他需要人类思考的努力一样可以自动化。这绝非易事，但绝对不是不可能的事。

随机数字之神

通过算法自动创建游戏某些部分的想法早已有之。实际

---

① Boden（1991）。

上，在电子游戏出现之初就已经有这样的想法存在了。但
过去计算机能力是稀缺资源，只有大型机才具备，必须与
成百上千人共享，而且即使是大型机，处理速度也很低，存
储容量又小，甚至远不如如今的手机，因此保存字节至关
重要。就是在这样的环境中，迈克尔·托伊（Michael Toy）
和格伦·威奇曼（Glenn Wichmann）于 1980 年开发了游戏
《Rogue》（见图 7-2）。

就读于加利福尼亚大学圣克鲁兹分校的托和威奇曼都
是极具影响力的角色扮演游戏《龙与地下城》的忠实粉丝。

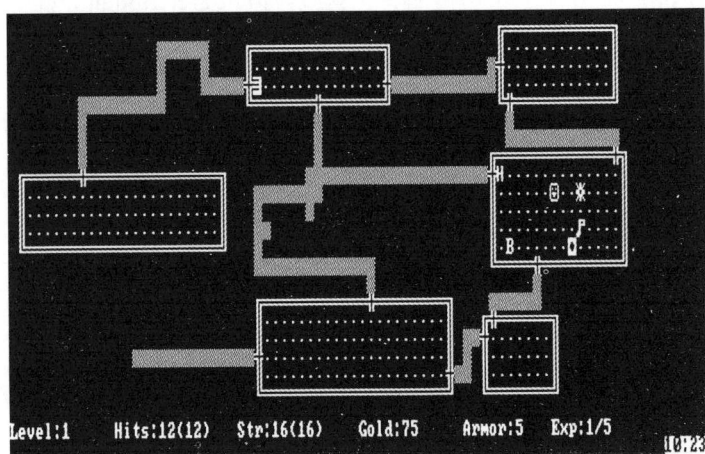

图 7-2　游戏《Rogue》（A. I. Design，1980 年）是原始的 roguelike 类游戏，
对硬件的要求不高，因为它是为计算能力较低的计算机开发的。其中的笑脸
代表玩家角色。

《龙与地下城》的战役需要专门的地下城城主来控制游戏进程，在一个或多个玩家组成的游戏世界中扮演各种 NPC 角色。托和威奇曼好奇如何开发一款类似《龙与地下城》的电脑游戏，并且适合单人在计算机上玩。将《龙与地下城》的战斗机制转换为代码非常容易，问题在于冒险，在《龙与地下城》中，冒险经常发生在地下。在《龙与地下城》中，这些地下城要么是由地下城城主制作的，要么在游戏发行商出售的书中。通关地下城需要在迷宫里摸索，找到出口，收集物品，管理体力、食物和金钱，还要和怪物战斗或避开怪物。对于两人正在开发的游戏《Rogue》，他们不想自己创建地下城，因为他们主要是为自己开发游戏，未知的地下城会让他们在玩游戏时更有趣。更何况当时的磁盘也没有空间来存储多个地下城，因此手工制作地下城几乎是不可能的。

据说必要性是发明之母，托和威奇曼不得不发明一种自动生成地下城的方法。《Rogue》每次开始新游戏时，都会生成一个新的地下城，即使在 20 世纪 80 年代的计算机上，这个自动生成新地下城的过程也很快。我在这里对该算法的运行原理做一些简化说明。首先将地下城分为不同的区域，然后在地下城的这些不同区域中创建房间；标记访问的第一个房间；然后继续创建从（随机选择的）访问过的房间到（随机选择的）未访问房间的走廊，直到所有房间都标记为已访问。于是产生了许多通过走廊连接的房间，可以从任意一个房间到达其他任意一个房间。剩下的就是添加物品和怪物，它们大多散落在房间里。

这个过程让《Rogue》每一次都很新鲜。每次开始新的游戏，都会有一个新的地下城，你可以在其中找到新的魔药，杀死新的怪物。这意味着想要玩好游戏必须学习游戏策略，而不是简单地记住地牢的布局。与许多其他类型的游戏相比，这是一种本质上不同的游戏方式。

《Rogue》不是第一个包含了过程生成关卡的游戏，《苹果园之下》（*Beneath Apple Manor*）比它更早更简单，但《Rogue》广受欢迎，为了纪念它还引发了一系列被称为roguelikes 的新游戏，它绝对是一款具有里程碑意义的游戏。根据定义，每个 roguelike 游戏环节都会呈现一组新的关卡。很多都是像《Rogue》一样的角色扮演游戏，例如开源经典游戏《迷宫骇客》（*NetHack*）、错综复杂的《矮人要塞》（*Dwarf Fortress*）或暴雪最畅销的《暗黑破坏神》（*Diablo*）。还有很多游戏基于的想法也是自动生成关卡，或在每个游戏环节初始自动生成新的世界，它们却不被认为是 roguelike 游戏。其中包括一些非常著名的游戏，如独立动作探险游戏

《洞窟探险》(*Spelunky*)，《文明》系列史诗战略游戏，或畅销的沙盒游戏《我的世界》(我在上一章中进行了讨论)。如果没有过程生成，这些游戏将无法以其当前格式进行任何操作。

　　20 世纪 80 年代的另一款引领过程生成的游戏是《精英》(*Elite*) (见图 7-3)。这是一款太空交易和战斗游戏，玩家可以探索拥有成千上万个行星的银河系，买卖商品和货物，与太空海盗作战并执行任务。无论以何种标准衡量，游戏规模都很大，但更令人印象深刻的是其运行的硬件极为有限。我在 Commodore 64 上就可以玩。如此庞大的游戏世界是如何

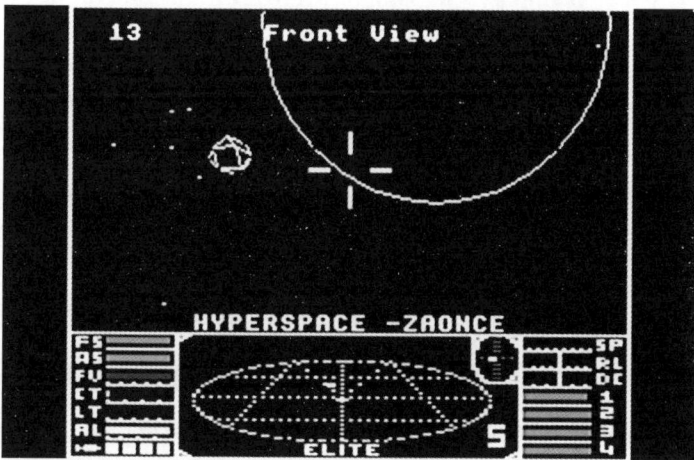

图 7-3　《精英》(Acornsoft，1984 年)中接近一个太空站。

在 65 536 个字符的内存上运行的呢？尤其是游戏引擎和图形也需要存储其中。答案是，每个恒星系统都是在玩家访问时自动生成的，包括行星和空间站的名称和位置、商品价格以及太空飞船的位置。但是与《Rogue》不同，《精英》不会在每个游戏阶段发生改变，玩家回到曾经到过的星系，会发现它与离开时的样子一样。因为《精英》的每个恒星系统的随机数生成器使用了特定的种子值，从而精确确定了生成算法的输出。《精英》无须存储数千个恒星系统，只需要存储每个恒星系统的数字，并在需要时使用该数字重新生成恒星系统。这个想法在游戏开发中具有很大的影响力，并在许多游戏中以各种形式用于重新生成东西，诸如在需要时生成植物。近来有一个著名的例子是《无人深空》（*No Man's Sky*）这款游戏，它存储了一个完整的星系作为种子值，为玩家创造了巨大的探索空间（见图 7-4）。

这是否意味着过程内容生成的问题已经解决？恰恰相反，它还远未解决。这个问题可以用随机数之神来说明。在《Rogue》开始之时，大多数时候你会遇到一个难度适当的地下城，但有时你也会遇到一个难度超高或几乎没有挑战性的地下城，并且有些地下城要比另一些更好。因此，玩家往往将没玩好《Rogue》归咎于随机数之神，随机数之神显然将

图 7-4　在《无人深空》(Hello Games，2016 年)中，所有星球都是过程生成的，包括星球上的植物、动物和地质。

玩家的角色置于一个高等级恶龙旁边、一个无法逃脱的房间或类似的情况。

　　问题在于，要彻底弄清《Rogue》这类游戏所使用的算法类型非常困难。换句话说，很难确保生成的关卡具有适当的难度或处于平衡状态，有时这些生成的关卡甚至不具有可玩性。当然，这限制了我们使用这些方法通过过程生成关卡的游戏种类，这时候就需要基于搜索的方法了。基于游戏代理玩游戏的水平精心设计的适应性函数，可以使关卡难度得到平衡，提高游戏的可玩性，不同的关卡具有合适的挑战。这样过程生成就能够在更广泛的游戏中用来创建游戏内容，使我们更接近第 4 章中概述的愿景。

变得人性化

我在第 4 章中提出的愿景还包括，游戏以某种方式适应玩家，并能根据玩家的喜好、擅长和玩法创造专门为玩家量身定制的新内容，而不仅仅是一种大体上不错的新内容。使用基于搜索的过程生成技术，我们可以生成新的关卡，这些关卡由根据玩家的游戏风格训练的人工智能代理进行测试，这样我们至少可以间接地使新关卡适应人类玩家的技能和游戏风格。但是，我们如何才能生成适合人类喜好的关卡，且这些关卡可以根据玩家的喜好进行调整以创造一种特殊的体验呢？①

在 2009 年，我就和我的朋友兼同事乔治斯·亚纳卡基斯研究过这个问题。乔治斯的博士学位论文研究的就是适应玩家体验的建模方法。他开发了一种方法，基于机器学习，可以用来预测玩家对游戏特定部分的看法。前文我已经说过，我一直在研究基于搜索的过程生成技术。我们认为应该有某种方式可以将这两个想法结合起来，自动生成为玩家创造特定体验的游戏内容。

①　这里介绍的研究在多篇论文中有所提及，包括 Pedersen，Togelius and Yannakakis（2010）和 Shaker，Yannakakis and Togelius（2010），这也是其中最重要的两篇。另外还有一篇论文总结了经验驱动方法，见 Yannakakis and Togelius（2011）。

我们为该项目招募了硕士研究生克里斯·彼得森（Chris Pedersen），并开始收集数据。我们需要大量数据，所以我们想使用知名度较高的游戏。《无限马里奥兄弟》（*Infinite Mario Bros*）是任天堂经典平台游戏《超级马里奥兄弟》的开源翻版游戏，正好适合我们。我们修改了关卡生成器，这样就可以根据参数生成关卡（见图 7–5）。这些参数指定了属性，例如地面上的洞应该多大以及敌人应该距离多远出现。通过改变这些参数，我们可以使生成器生成不同类型的关

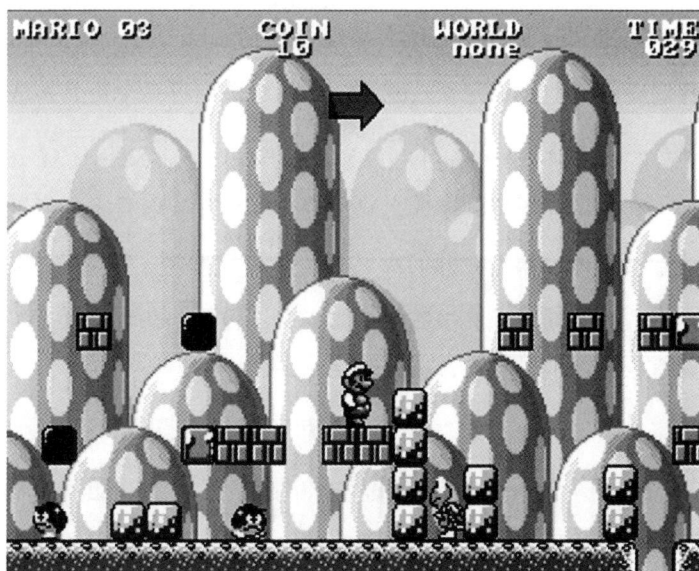

图 7–5　在《马里奥》中，部分关卡的生成使用的是进化算法。

卡，比如，有些关卡基本上是空的，有些要击败很多敌人，有些则需要完成棘手的跳跃挑战等。我们用这些参数的不同设置生成了几百个关卡，并试着让人们为我们玩游戏。

虽然大多数人喜欢玩游戏，但要吸引数百人来玩游戏并不容易，有时你得付费，这样你才能收集玩家的数据。当然，你也可以使用 Twitter、Facebook 和电子邮件来骚扰朋友，让他们来帮助你完成实验。每个人的任务是至少玩两个关卡。这两个关卡是使用不同的参数值生成的，因此在玩的时候感觉会不一样。每个人玩的两个关卡都不一样。我们记录了玩家在玩游戏时的所有情况，在他们玩了两个关卡后，我们会问他们一组问题：刚才玩的两个关卡哪一个更具挑战性？哪个更具娱乐性？哪个更令人沮丧？

在从 700 多个玩家那里收集数据之后，我们着手建立了一个玩家体验模型。我们定义了一个神经网络（见图 7-6），它将两个不同关卡的参数作为输入，还包括一些有关玩家游戏风格的数据，例如玩家跳跃的频率，玩家奔跑的距离以及玩家打败了多少敌人。神经网络的三个输出代表了玩家的偏好——两个关卡中他们觉得哪个更具挑战性，哪个更具娱乐性以及哪个更令人沮丧。只要我们有了数据，就能训练神经网络准确预测玩家的偏好。这样我们就建立了一个玩家偏好

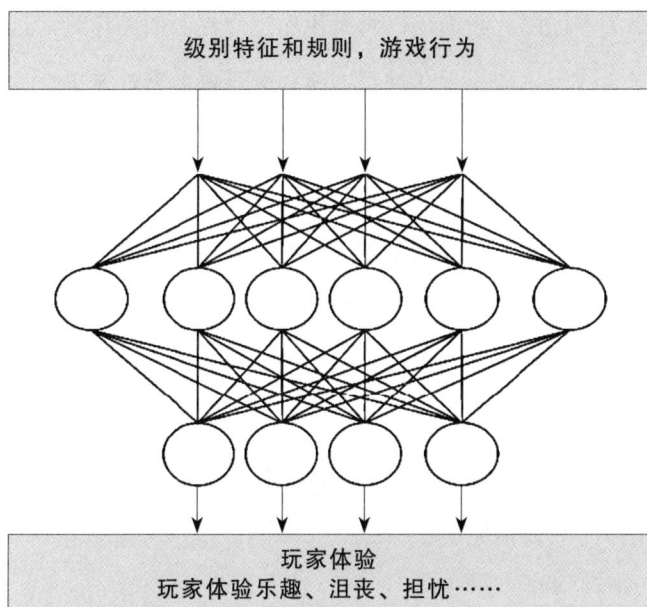

图 7-6　以关卡设计参数和玩家的游戏风格作为输入，并输出预测的玩家体验。保持玩家的游戏风格不变，并针对玩家体验进行优化，我们可以判断哪种类型的关卡可能会在玩家中带来某些体验。

模型，给定游戏中的两个关卡和特定的游戏风格，我们可以预测这三个维度上每个玩家更喜欢两个关卡中的哪一个。

　　下一步是用这一模型来生成新关卡。在项目的这一步，我们邀请了优秀的博士新生努尔·沙克尔（Noor Shaker），他致力于构建体验驱动式过程生成器。事实证明，这比预期的要容易——我们训练的神经网络可以预测某个人更喜欢哪个关卡，因此我们可以将其用作适应性函数。你只需进化关卡参数，就能最大化神经网络预测玩家会喜欢该关卡的程度。只要有了这些关卡参数，就可以将它们输入标准关卡生成器，生成器会生成与你的要求完全一致的关卡（与前面一样，我在这里的描述忽略了许多技术细节和棘手的设计决策，只从概念上进行简化介绍）。这个过程有一项不错的功能，即你可以单独或以某种组合的方式对三个维度中的每一个进行优化。你可以搜索对于特定玩家而言最有趣同时挫败感最低的关卡；你也可以搜索娱乐程度最低且超级令人沮丧的关卡（只要你愿意）。

更普遍

到目前为止，我已经从非常抽象的角度讨论了游戏内容，但仅给出了游戏关卡的几个示例（赛道和地下城都是某种类型的关卡）。那么，除了关卡我们还能生成什么东西？游戏通常会使用过程生成的植被（例如树木和草）以及其他自然要素（例如云和水）。生成这样的"背景"内容几乎已经不成问题，如果有需要我们有很多软件可以做到这一点。之所以灌木丛和云之类的东西易于生成，是因为它们不需要与游戏的其余部分以及游戏机制进行过多的交互。形状怪异的云朵或奇异的树可能会引起一些怪异感，但不会让游戏无法运行。那么我们从另一个方向来看，游戏核心内容以及与所有其他内容进行交互的内容呢？它们可以自动生成吗？游戏规则呢？完整的游戏生成又会如何？

2008 年，卡梅隆·布朗（Cameron Browne）就这一主题完成了博士学位论文。他担任软件开发人员，利用周末和晚上的时间完成了博士学业。他同时还沉迷于另一个爱好——设计棋盘游戏，并撰写有关棋盘游戏设计的书籍（我可以肯定他还是会睡觉的）。在博士期间，他设计了 Ludi 语言和游戏生成系统，专门研究所谓的重组游戏——带有常规棋盘和几种棋子的游戏，例如西洋跳棋、围棋、六贯棋和黑白棋。[①] 使用 Ludi 语言只需几行代码就能表示此类游戏，一行定义棋盘尺寸和形状，一行定义如何以及是否可以吃掉棋子，依此类推。这段代码可以视为基因组，因此我们可以使用进化算法来创建游戏规则。为了使进化算法有效，卡梅隆为 Ludi 系统提供了数十种现有的重组游戏（主要是经典游戏）作为初始群组。他还设计了一个适应性函数，该函数可

---

① Browne and Maire（2010）.

以通过玩游戏并测量通关的多个属性来评估游戏的质量，例
如线索的更改频率以及在游戏的哪个阶段可以预测谁会获胜
（如果能尽可能晚地预测这一点，通常被认为是一件好事）。
使用指定的代表和适应性函数，Ludi 可以开始进化游戏。当
然，这是一个非常缓慢的过程，因为系统需要对生成的游戏
进行很多次的测试，但是结果值得我们等待。其中有一款叫
嵌手棋（见图 7-7）的游戏非常新颖和出色，游戏发行商甚
至想在商店中销售盒装游戏。这可能是世界上第一个完全由

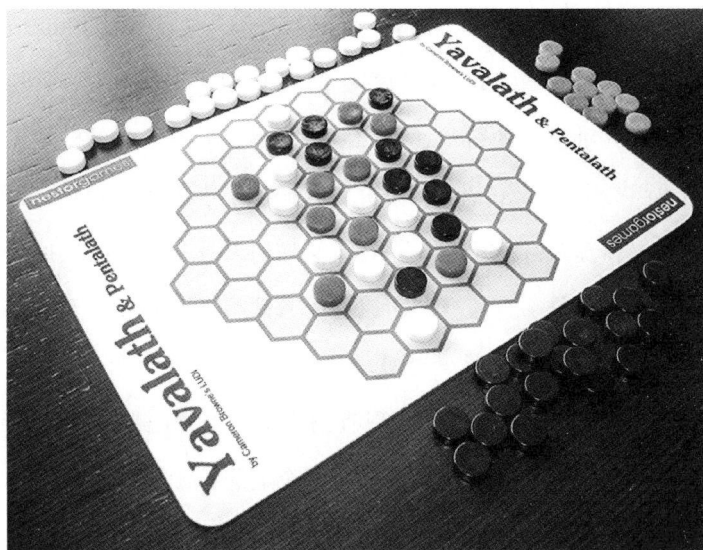

图 7-7　嵌手棋（Nestorgames, 2007）是由卡梅隆·布朗基于 Ludi 系统设计的。

计算机生成的商业游戏。据我所知，卡梅隆从游戏销售中获得了全部版税，钱没有流向 Ludi。

在卡梅隆研究 Ludi 的时候，我也在研究自动生成游戏规则的想法。但是与卡梅隆的系统只能用于特定的棋盘游戏不同，我的目标是《吃豆人》风格的简单街机游戏。这些游戏在二维游戏世界中进行，玩家控制着一个可以移动并与各种"事物"交互的代理。我在思考时是这样想的：各种事物可能是敌人、食物、奖励、朋友、地雷或其他东西，取决于它们彼此之间以及与玩家的交互方式。例如，在《吃豆人》中，玩家代理能够吃掉小圆球并增加得分，而遇到幽灵时，则会被吃掉。因此，我决定为这些事物如何相互作用制定规则。设计适应性函数时，我受到了拉夫·科斯特的启发，他认为游戏的乐趣来自学习（详见第 2 章）。我想开发可学习的游戏，但是我不能在适应性函数中使用真正的人类。相反，我在适应性函数中使用了另一种进化算法，该算法将尝试学习玩游戏。使用该算法快速改进的游戏获得了很高的适应性分值。[①]

我的实验并未产生任何 App Store 热门新游戏。我获得

---

① Togelius and Schmidhuber（2008）。

了许多游戏案例，它们的适应性函数都很合理，但由于种种原因，这些游戏玩起来并不有趣，甚至可玩性很差。事实证明，生成电子游戏规则比为棋盘游戏（例如重组游戏）生成规则要困难得多。原因之一是，要使适应性函数正常工作，我们需要一个 AI 代理，该代理不仅能够玩进化算法生成的任何奇怪游戏，而且还能以类似于人类的方式玩这些游戏。请注意，如果你是适应性函数的一部分，就一定会遇到由随机突变和交叉产生的一些非常奇怪的游戏。这在很大程度上是一个尚未解决的研究问题。

我与很多学生和合作者一起努力开发可为电子游戏生成规则的算法。在一个项目中，我们使用了电子游戏描述语言（具体的讨论见第 9 章）作为表示形式，并尝试开发一款游戏。在这款游戏中，优秀的游戏代理能够表现出色而劣势的游戏代理将表现不好，也就是说，这是一款具有一定技术水平的游戏。这款游戏取得了一些成功，它能够为《推箱子》（Sokoban）这种简单的益智游戏生成新颖的规则。[1] 还有一些人也在研究这个问题，例如亚当·史密斯（Adam Smith）提出使用逻辑编程来生成游戏规则[2]，而迈克·库克

---

[1]　Nielsen，Barros，Togelius and Nelson（2015）。
[2]　Smith and Mateas（2010）。

（Mike Cook）长期研究 ANGELINA，这个多面系统不仅能生成规则，还能生成各种不同的游戏资源，其结果令人着迷（见图 7-8）。①

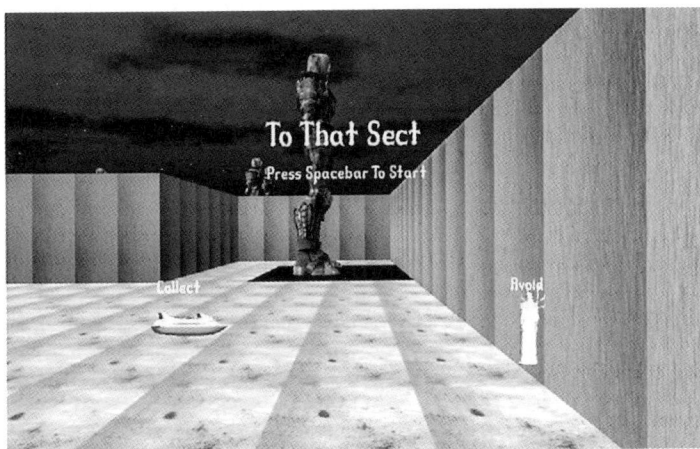

图 7-8　游戏《*To That Sect*》（Michael Cook，2014 年）是由迈克·库克基于 ANGELINA 系统设计的游戏。

　　尝试创建可以自行开发游戏的系统要构建功能强大的技术系统。自诞生以来，人工智能在建立系统时就有双重目的——系统要能解决需要智能才能解决的任务，以及了解世界上已经存在的智能（例如人类）背后的原理。一般来说，

---

① Cook and Colton（2011，2014）。

作为计算机科学家，你需要认识到，只有等你编写了能够解决某项任务的程序代码，你才能真正地了解该任务。因为设计和运行可解决某项任务的算法会迫使你充分详细地研究该任务。即使是排序这样单调的任务也是如此——研究和运行排序算法会迫使你深入了解排序。你肯定能够凭直觉知道如何对袜子、铅笔或硬币进行分类，但是除非你学习计算机科学的课程，否则你不会思考对事物进行排序时所遵循的规则以及如何使排序更有效率。这种观察在游戏设计时更有用，游戏设计是一项复杂的工作，我们可以进行相关的训练（不完全的训练），但是我们对这项工作的理解深度远远不及我们对排序、文本阅读或汽车驾驶的了解。因此，设计和运行在某些方面能够用于游戏设计的系统是研究游戏设计的一种方法。

一起创新

在可预见的未来，AI 系统从零开始自主设计的游戏，还没有办法在质量上和人类游戏开发团队开发的游戏相比拟。人类游戏设计师暂时还不会失业。但是，正如我们看到的，人工智能方法已经能够出色地解决许多问题。在很多情况下，人类设计师和算法可以优势互补，而不是相互替代。这表明我们可以构建人类与 AI 算法协同制作游戏的系统，例如将算法用于构思、反馈、微调和自动游戏测试，我们可以通过构建混合主动（mixed-initiative）的人机交互 AI 辅助游戏设计工具来完成。在这类系统中，人类用户和 AI 都可以主动编辑游戏，AI 可以为人类用户提供建议、反馈和有限的自动生成。

这类系统有一个很有影响的例子，即吉利·史密斯（Gillian Smith）构建的 Tanagra。吉利·史密斯现在是伍斯特理工学院的教授。[1] Tanagra 是一款平台游戏编辑器，它使用约束求解来生成整个关卡或关卡的一部分。人类设计师不用做任何事就能创建关卡，只要有需要就能调用该工具来生成全新的关卡，或者重新生成关卡的任何特定部分。关卡生成器会确保每个关卡的可玩性。

受此系统的启发，乔治斯·亚纳卡基斯的一名博士生安东尼奥斯·利阿皮斯（Antonios Liapis）和我一同开始着手研究一种被称为意识速写本（Sentient Sketchbook）的系统。[2] 我们的想法是将几种不同类型的基于 AI 的设计统一到

---

[1]　Smith et al.（2011）。

[2]　Liapis，Yannakakis and Togelius（2013）。

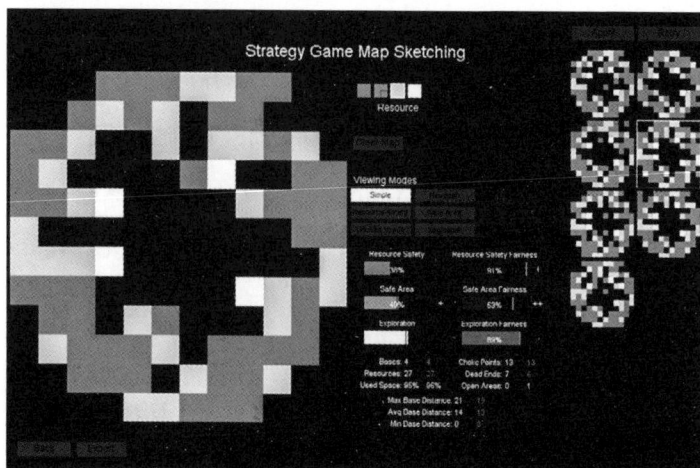

图 7-9 用意识速写本编辑地图速写。

一个系统中，这样的系统将有助于为策略游戏创建关卡。在意识速写本中，人类设计师研究"地图速写"，即策略游戏地图的某种抽象表示（见图 7-9）。在设计师编辑地图时，该工具能够提供有关以下指标的反馈：地图的平衡程度、与基地所在地的资源接近程度以及受保护的基地的状况。这些指标有些可视化为量表，有些可视化为实际地图上的叠加层，例如以图形方式显示哪些资源在某个基地所在地的控制之下。该工具还不断为设计师提供改善地图的建议。这些建议是由后台运行的进化算法生成的，每次开始设计地图，算法就会生成以下问题：如果地图稍微平衡一些会怎么样？或者如果地图具有较少的不可通行区域会怎么样？又或者如果资源难以控制会怎么样？设计师当然可以无视任何建议，那么意识速写本将继续猜测设计师的意图。

Tanagra 和意识速写本以及随后出现的其他一些工具，展示了 AI 方法越来越多地被应用于游戏设计和开发。[①] 在任何情况下，算法和人类设计师的协同合作都比单打独斗要好。我们很快就会将类似的工具集成到 Unity 和 Unreal 这类主流游戏引擎中。

但是，我们是否很快会看到现代 AI 方法在游戏中得到应用，而不仅用于游戏设计和开发？

---

① 　例如，我与人合作研究了《割绳子》(*Cut the Rope*) 中的 AI 辅助关卡生成工具 Ropossum［见 Shaker，Shaker and Togelius（2013）］以及用 AI 辅助工具生成的用电子游戏描述语言表示的游戏规则［见 Machado，Nealen and Togelius（2017）］。另一个有趣的例子是用于《折射》(*Refraction*) 的 AI 辅助关卡编辑器。

第 8 章

AI 导向的设计

在第 4 章中，我提到一个问题：为什么我们在书中提到的这么多人工智能方法没有广泛应用于游戏中？我已经概述了一些潜在的原因，其中之一是游戏开发是一个风险回避行业，因为该行业受热门游戏的驱动，而人工智能技术还不够成熟。前面几章我们介绍了 AI 方法用于玩游戏、模拟玩家和生成内容，接下来我们将重新讨论这个问题，重点放在游戏设计在实现 AI 方面的作用以及 AI 在实现游戏设计中的作用。

我一直天真地想要实现改变，当我还是一个天真、热情的博士生时就是如此，我在做博士后时已经不是那么天真、热情了，但依然如此。只要我在会议上遇到游戏设计师或游戏开发人员，我都会试图劝说对方在新游戏中使用一些新颖的 AI 方法并强调这样一定会更成功。但我通常得到的答复都是拒绝，他们的游戏根本不需要我的 AI，现有的设计方法很有效。例如，虽然我们可以训练神经网络来更快地驾驶汽车或在格斗游戏中提供更具挑战性的对手，但这都不是必需的，因为操纵计算机控制的汽车的最高速度或 NPC 斗士的攻击范围直到他们获得理想的性能要容易得多。如果简单的办法就可行，为什么要引入复杂的 AI 呢？而且，无论如何，如果敌人过于强大，游戏就会变得无聊，毕竟玩游戏的乐趣就在于击败敌人。的确，我们可以使用线上调整（通过强化学习）来创建游戏角色。在角色扮演游戏中，这个游戏角色能够学习你在游戏中的行为，并更新自己的行为以匹配你的行为，但这样有可能破坏游戏的协调和平衡，让游戏失去可玩性。当然，我们可以构建一个关卡生成算法，从而为第一人称射击游戏不断提供新的具有竞争力的多玩家关卡。但是游戏已经有很多不错的关卡，大多数玩家更喜欢玩已知的关卡。

这种态度保守又令人生气，但我不得不承认，在许多情况下，他们是对的。许多游戏实际上无法从高级 AI 中受益，因为它们在设计之初就不需要 AI。

当今大多数电子游戏都起源于 20 世纪 80 年代到 90 年代初

开发的游戏。在这段时间里，电子游戏发展出了平台游戏、角色扮演游戏、益智游戏、回合制和实时策略游戏、团队运动游戏、第一人称射击游戏和第三人称射击游戏、建筑和经营模拟游戏、赛车游戏等多种类型。尽管自 2000 年以来，电子游戏也有了新的设计创新，诸如《英雄联盟》（*League of Legends*）之类的多人在线竞技游戏（MOBA）以及《我的世界》之类的沙盒游戏，但这些新的游戏类型是从较早的游戏类型中演变而来的。

在 20 世纪 80 年代和 90 年代初，人工智能的发展远不如今天。尽管现代深度学习所依靠的基本算法——反向传播算法——已经被发明出来，但当时人们对它的理解程度远不如今天，也缺少使神经网络发挥出色作用的许多发明。蒙特卡洛树搜索算法当时还不存在，进化算法虽然是一个活跃的研究领域，但也是在那之后才取得了重大进展。最重要的是，当时的计算机功能非常有限。《毁灭战士》（*DOOM*）和《沙丘 2》（*Dune 2*）之类的游戏在当时都定义了一整个游戏类型，相比之下，如今的笔记本电脑的运行速度至少是可以运行这些游戏的计算机的数万倍，甚至智能手机都要比 20 世纪 80 年代最快的超级计算机还要快。除此之外，那时还不具备在显卡上运行神经网络的功能，只有具备了这一功能，深度学习的发展才能又增加了好几个数量级。

当这些定义了整个游戏类型的电子游戏被开发出来时，开发人员还没有办法将先进的人工智能整合进来。我不认为早期平台游戏的设计目标是让敌人（只能）以可预测的方式来回移动，也不可能在早期角色扮演游戏中让 NPC 总是沿着固定路线行事，笨拙地说着相同的对话，并且早期的 roguelike 类游戏在生成关卡时并不稳定，也不考虑玩家的技能和偏好。这些都是技术限制造成的，而游戏的其余部分则是为了解决这些缺点。

再举一个例子。我在第 4 章中描述了第一人称射击游戏中一个典型敌人的 7 秒钟"寿命"，用来解释其背后的算法。为什么只有 7 秒钟？早期的第一人称射击游戏在设计上没有持久的角色，这样能否掩盖其简单性？只要和《毁灭战士》中的角色互动一分钟，你就能发现它在编程上极其简单。如果敌人只在屏幕上出现几秒钟，你就无法知道它到底有多聪明（或有多笨）。后来的第一人称射击游戏受到《毁灭战士》之类的游戏类型先驱的影响（见图 8-1）。

换句话说，那个时代的电子游戏在设计上就没有考虑人工智能。这导致了许多设计即使有了更优秀的 AI 也无法得到优化。例如，打怪升级在设计模式上强调怪物重复动作，然后由玩家解码，而不是设计出真正玩得过玩家的怪物；角

图 8-1　《毁灭战士》(id software，1993 年) 是最早的一款第一人称射击游戏，给这一类型游戏的开发带来了巨大的影响。

色扮演游戏中的对话围绕一组固定的对话选项，而不是设计 NPC 具备一个动态知识库——在这个知识库中，NPC 可以了解玩家角色的信息。出于同样的原因，游戏中的难度调整通常是通过给计算机控制的敌人更多或更少的资源来实现的，而不是模拟玩家的技能，让玩家适应计算机控制角色的决策深度，这本质上是作弊。

　　当其他游戏设计人员沿用这些设计，玩家也对这一设计形成期待，这些设计就开始定义一整个游戏类型。打破以往的游戏类型，就要建立新的游戏类型，这完全是有可能的。

AI 研究人员迈克尔·迈提斯（Michael Mateas）和游戏开发者安德鲁·斯特恩（Andrew Stern）设计的具有开创意义的婚姻模拟游戏《婚姻战争》（*Façade*）是一个没有固定对话树的角色扮演游戏，这款游戏已经被视为一款里程碑式的新型游戏，而不是对以往角色扮演游戏的修复。鉴于大多数大型游戏开发商和发行商的谨慎态度（这是合理的），没有在游戏开发中应用取得巨大进步的最新 AI 方法也就不难理解了。现有的游戏不需要高级 AI，因为它们在设计上就没有考虑使用 AI。

基于 AI 的游戏设计模式 [①]

对于像我这样同时关心人工智能和游戏的人来说，自然而然想知道如何改变这一点。人工智能方法的进步有望使游戏设计人员开发出惊人的新游戏，但是由于保守的设计和开发实践，新游戏并没有出现。那么，我们如何设计需要高级 AI 方法的游戏呢？

这是我和我的几个同事共同提出的问题。那是 1 月的一个寒冷的日子，我们在德国一座名为达堡的城堡阁楼上组织

① 本章内容就是基于我们在德国达堡会议上的讨论，见 Treanor et al.（2015）。这篇论文列出了很多模式，有些本章并没有提到，每种模式还包括两个游戏原型，用于说明和探索该模式。

了一次研讨会，内容是关于 AI 在游戏中的未来的。我们决定研究 AI 在游戏中的不同作用，试图从知名或不知名的游戏中找到 AI 的应用示例，这里说的 AI 应用是指玩家需要与之互动并理解它才能很好地玩游戏。我们试图按不同的设计模式将这些示例进行分类，我们希望其中一些设计模式可以为基于 AI 的游戏设计方法提供启发或构想，为后来的游戏设计所效仿。

AI 可视化。在这种设计模式下，AI 算法的运行方式是向玩家公开的，玩家可以在游戏中使用这些信息。换句话说，玩家可以通过观察游戏的算法看到 NPC 是如何思考的。例如，在潜入类游戏《第三眼犯罪》（*Third Eye Crime*）中，你要应付精明的警卫人员。警卫人员的行为由被称为"占据地图"（occupancy map）的 AI 技术驱动，该技术创建了一个模型，指导警卫人员下一步去哪里寻找玩家。这个游戏的技巧是，玩家可以通过游戏地图看到"占据地图"。实际上，玩家可以看到警卫人员在想什么（见图 8-2）。游戏要玩得好，玩家就要了解 AI 系统，预测 NPC 会做什么。

AI 作为角色模型。正如我们在第 4 章看到的，构成 NPC 行为的许多算法相对简单且易于预测。比起让这些算法更像人类，使人类的行为更像算法可能是一种更有趣的游戏设计

图 8-2　在《第三眼犯罪》（Moonshot Games，2014 年）中，地面的颜色向玩家提示警卫人员能够看见的地方以及它们接下来会往哪里去，让玩家知道对手在想什么。

思想。《间谍派对》（*Spy Party*）是一款不对等双人游戏，其中一个玩家必须在一组 NPC 中识别出另一个人类玩家，而另一个玩家则要尽可能地融入 NPC，避免在游戏中被第一个玩家识别出来，同时完成分配的任务。尝试按照 NPC 模式行动和决策，才能更好地融入 NPC 中（见图 8-3）。换句话说，玩家需要观察了解 NPC 行为背后的算法是怎样运作的，然后才能模仿 NPC 的行为；而另一个玩家也需要了解 NPC 的行为，辨别到底哪个是人类玩家。有人将这种游戏机制视为反向图

图 8-3　《间谍派对》（Chris Hecker，2009 年）中的一幕。一座酒吧里聚集了许多 NPC，一位玩家要融入其中，看上去跟 NPC 一样。

灵测试的一种形式。图灵测试背后的基本概念非常吸引人，我们很有可能在它的基础上构建许多其他有趣的游戏机制。

　　AI 作为见习生。《黑与白》（*Black and White*）是一款上帝模拟游戏或模拟经营游戏（更一般的名称）。玩家在游戏中扮演当地神灵，以各种方式影响大多数不幸村民的生活（见图 8-4）。要对村民产生影响，最重要的方式是引入巨型生物，它充当玩家在游戏世界的替身。你无法直接控制这种巨型生物，你必须教它如何与村民互动，可以通过奖励和惩罚来引导它的行为，并举例说明如何做。这种巨型生物的行为由机器学习算法驱动，该算法会在你玩游戏时实时从你的行动中学习。要玩好这个游戏，你需要掌握训练这种巨型生

图 8-4 《黑与白》(Lionhead Studios, 2001 年) 中的巨型生物, 如果你训练得当, 它们会遵从你的命令。

物的技巧, 这有点像训练狗, 你不必十分了解狗的头脑, 也可以对它进行训练。

　　这种模式的另一种做法是在游戏中训练游戏代理, 让它们彼此竞争或对抗, 就像《宝可梦》(*Pokémon*) 系列的训练机制一样, 但运用的是真正的机器学习技术, 而不是简单的角色扮演游戏机制的升级版。相关的一个例子就是 NERO (机器操作员的神经进化), 这是由任职于中佛罗里达大学以及优步 (Uber) AI 实验室的肯·斯坦利 (Ken Stanley) 开发

的一款用于研究的游戏。在该游戏中，玩家为微缩士兵设计
各种任务，对它们为完成任务采取的各种行为进行奖惩，以
此来训练它们。[①] 另一款用于研究的游戏 EvoCommander 是
我的团队开发的，它所基于的也是训练游戏代理像玩家一样
竞争，但是不需要训练多个游戏代理，只需要为模拟机器人
训练许多"大脑"（独立的神经网络）（见图 8-5）。与其他玩
家对战时，你可以在每个时间点上选择合适的"大脑"来间
接控制机器人。[②]

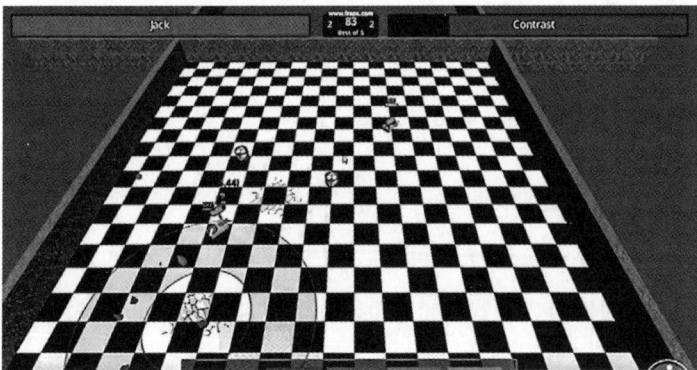

图 8-5　图中展示的是我们用于研究的游戏 EvoCommander 中的"大脑"家
族树。在进入游戏厮杀前，你要选择使用哪个"大脑"。

---

① Stanley，Bryant and Miikkulainen（2005）.

② Jallov，Risi and Togelius（2017）.

AI 是可编辑的。游戏代理的行为由算法控制，你可以直接编辑算法的指令来设计游戏。棋盘游戏《机器人拉力赛》（*RoboRally*）证明了使用这种机制能够开发出非常成功的游戏。在《机器人拉力赛》中，每个玩家依次选择自己的机器人在该回合中执行的指令。尽管游戏中的编程很简单，但是预测最终的行为非常具有挑战性，因为所有玩家的机器人同时执行程序。

另一个更高级的示例是《银河系军备竞赛》（*Galactic Arms Race*）——肯·斯坦利团队的另一款用于研究的游戏——的神经网络编辑器模式。《银河系军备竞赛》是一款第三人称太空射击游戏，它是用一种特殊的基于搜索的程序内容生成技术搭建起来的（见图 8-6）。该游戏中的武器由神经网络控制，神经网络决定了玩家的太空飞船如何发射粒子。玩家在游戏世界中收集和丢弃武器，并且可以随时在几种装备好的武器之间切换。武器是通过协作进化算法创建的，游戏中的所有玩家都充当适应性函数，新武器是玩家使用最多的武器的改版。这本身就是 AI 技术在游戏中的一种非常有趣的用法，虽然 AI 更多地是充当背景，因为玩家在玩游戏时无须了解生成武器的进化算法。可编辑的 AI 设计模式也被引入游戏的扩展中，这时候玩家就可以手动编辑定义武器的神经网络。但是理

图 8-6　《银河系军备竞赛》（Evolutionary Games，2009 年）中的武器进化。

解神经网络的结构对于大部分人来说并非易事，这意味着这种 AI 编辑模式并不适合所有人，而对于某些玩家而言，编辑神经网络尝试获得所需的武器本身就是一种引人入胜的益智游戏。[①]

　　AI 是可引导的。 基于 AI 设计游戏，让玩家理解 AI 并与之互动，还有另一种思路，那就是让 AI 算法控制游戏角色，但这一思路有很多缺陷，因为你可能会限制算法的作用，也

---

① 描述《银河系军备竞赛》的文章见 Hastings，Guha and Stanley（2009）；神经网络编辑扩展可见 Hastings and Stanley（2010）。

可能会对游戏角色执行的任务要求太过复杂。这时候玩家就需要充当游戏代理的指导或管理者，向它们提供高级命令或通过它们自己无法执行的操作来引导它们。这种设计模式有一个典型的例子，那就是《模拟人生》（The Sims）系列游戏。这款游戏非常成功，它模拟真实生活，是一款虚拟的玩偶屋，玩家可以在其中控制一系列角色的生活。你要为它们做出所有重大的人生决定，例如在哪里建房；你还要完成一些小任务，例如确保它们有锅碗瓢盆可以做饭。角色也有发言权。《模拟人生》游戏具有控制游戏代理的复杂 AI 系统，因此它们不仅可以执行自主动作（例如去洗手间和做饭），还可以结

图 8-7　《模拟人生 4》（Maxis，2013 年）中的一次浪漫相遇。

交朋友并坠入爱河（见图 8-7）。玩游戏就是玩家和 AI 系统之间持续不断的平衡。至关重要的是，游戏经常通过角色头顶上方的气泡对话框来传达其 AI 系统的状态，让玩家能够了解发生了什么。

当然，这些示例只展示了 AI 在电子游戏中应用的一小部分作用，而且我只提到了一种涉及程序生成的模式，还没有介绍基于玩家建模的模式。显然，AI 在游戏中的应用有广阔的前景，有很多尚未被充分开发的设计空间。对于那些想要超越既定类型和观念的设计人员来说，有许多新颖的游戏设计思想可以借鉴，他们不会局限于认为 AI 可以玩什么和不能玩什么的固定思维。

第 9 章

普遍的智能和一般化的游戏

让我们回到第 3 章讨论的问题——智能到底是什么，显然我们没有得到任何令人满意的结论。实际上，在到底是否存在普遍智能这个问题上，仍有很大的争议。我不想把某种观点强加于你，因为我认为要定义智能还有大量的工作要做，包括哲学和实证方面的工作，这样才能更好地理解这个问题。然而，似乎我们都同意，从某种意义上讲，人工智能系统更具通用性，可以执行更广泛的任务；解决普遍的问题而不是具体的问题是人工智能系统的理想品质。如果我们只是想为特定问题设计解决方案，只能做一件事的 AI 系统构建起来没有任何问题，但如果我们想在人工智能开发上取得科学进展，那么构建能够执行各种不同任务的系统（例如玩不同的游戏）就很重要。

在我攻读博士学位的那段时间，我认为我为研究进化神经网络实验开发的小型赛车游戏非常精巧，可能会有人希望将它用于自己的实验，因此我决定公开代码。当我决定这样做的时候，我觉得可以展开一场比赛。研究人员、学生和其他任何人都可以提交自己开发的最优秀代理，这些代理将相互竞争。这就和现实世界中的赛车一样，以最快的速度完成比赛的赛车获胜，其中最有意思的是撞车，这一点也和现实世界中的赛车一样。我很快就吸引了来自世界各地的几十个选手，他们基于非常不同的 AI 技术提交了算法。最终的获胜者使用了一种被称为模糊逻辑（Fuzzy Logic）的技术推断出了最佳驾驶方法，除此之外，还有一些优秀的代理是基于强化学习和进化算法的。这场比赛进行得很顺利，我决定再次参加比赛，但是这次我与米兰理工大学的意大利研究人员皮尔·卢卡·兰兹（Pier Luca Lanzi）和达尼埃莱·洛亚科诺（Daniele Loiacono）合作，将其转移到功能更强大的 3D 赛车游戏《TORCS》（开源赛车模拟器）中。比赛进行了 7 年，全球各地的大学，有时还包括业余爱好者和私人公司，

图 9-1　开源赛车模拟游戏《TORCS》（2014 年）的画面展示。

都踊跃参与（见图 9-1）。①

　　几年后，我又发起了另一个 AI 竞赛，基于的是我之前提到的《超级马里奥兄弟》的开源克隆《无限马里奥》。我和我的学生谢尔盖·卡拉科夫斯基（Sergey Karakovskiy）用 AI 标准重建了《无限马里奥》，参赛者提交他们开发出的最优秀的扮演马里奥的 AI 代理。就在比赛的最后几周，一位名叫罗宾·鲍姆加滕（Robin Baumgarten）的年轻博士生根据第 4 章讨论的 A＊算法提交了他的 AI 游戏代理。这个代

---

① 我们写了一篇论文，总结了竞赛选手和第一次竞赛，见 Togelius et al.（2008）。后来别人也写了一篇类似的新的赛车竞赛的论文，见 Loiacono et al.（2010）。

理的表现棒极了。它完成了关卡生成器可以完美生成的所有关卡，最终赢得了比赛。我们对此有点失望，因为我们构造了一个困难的 AI 问题，却被基于一种简单且众所周知的算法开发的代理解决了。因此，下一轮比赛，我们让关卡生成器生成了难度更高的关卡。这样一来，下次比赛中，关卡生成器创建的关卡就会包含大量死胡同，需要马里奥回溯才能退出。这是鲍姆加滕基于 A * 算法的游戏代理无法克服的挑战。实际上，接下来的一场比赛由名为 REALM 的复杂代理获胜，该代理将进化算法与基于规则的系统相结合，并且在从属部分使用了类似于鲍姆加滕的 A * 算法。①

当然，在我之前就已经有人在运作基于 AI 的游戏竞赛了。象棋、跳棋和围棋的 AI 玩家竞赛已经进行了数十年。在电子游戏领域中，也有一些运作了很久的 AI 竞赛，它们基于一些经典的游戏，如街机游戏《吃豆人》、第一人称射击游戏《毁灭战士》以及物理益智游戏《愤怒的小鸟》等。目前最活跃的比赛之一是《星际争霸》比赛，在这一游戏中，表现最好的代理仍然比不上优秀的人类玩家。

在大多数此类比赛中，至少是在那些持续了几年的比赛

---

① 我们写了一篇文章描述马里奥 AI 竞赛中玩游戏的轨迹，见 Karakovskiy and Togelius（2012）。描述代理 REALM 的文章见 Bojarski and Congdon（2010）。

中，我们都能看到代理明显的进步。参加 2012 年模拟赛车竞赛的赛车代理远远胜过参加 2008 年竞赛的赛车代理，而参加 2011 年马里奥 AI 比赛的代理取得的成绩也是参加 2009 年比赛的代理无法做到的。这都是好消息，似乎表明这些比赛刺激了游戏 AI 的进步。但是从每年参赛的代理来看，也存在一个令人担忧的趋势——参赛中出现的通用 AI 算法越来越少。参加第一次模拟赛车大赛的选手开发的代理都使用了相对通用的算法，这些算法只需要进行很小的改动就可以用来玩其他游戏。在后来的比赛中，越来越多的游戏代理是为了完成赛车游戏而量身定制的，包括精心改装的齿轮、了解赛道的形状、阻止超车等。实际上，与最初的竞赛相比，机器学习算法在后来的竞赛中所起的作用越来越小。先进的 AI 算法被降级，只作为支持性角色。代理的性能提高并不是因为基础算法的改进，而是针对比赛进行了更好的工程设计，在《无限马里奥》AI 竞赛中我们也可以观察到类似现象。至于《星际争霸》比赛，获胜的游戏代理往往靠复杂的手工策略取胜，而不是靠搜索或机器学习算法这些 AI 方法。

总之，这些代理是为了解决具体的问题。参加《无限马里奥》AI 竞赛的代理无法在模拟赛车竞赛中控制赛车，也无法在《星际争霸》中建立基地和指挥部；《星际争霸》竞赛中的代理也无法驾驶赛车或玩《无限马里奥》。这些具体的游戏代理不仅玩不好这些游戏，而且也玩不了这些游戏，因为这些游戏每一个都非常不同。《星际争霸》与《无限马里奥》很不一样，《无限马里奥》的游戏代理的输出（例如奔跑和跳跃）玩不了《星际争霸》。

这不是此类比赛才会面临的问题。我在第 5 章提到过 DeepMind 训练神经网络玩几十个经典的雅达利公司（Atari）的游戏。这似乎是通用 AI 用于玩游戏的一个例子，但每个神经网络都被训练为只能玩一个游戏。经过训练，能够玩《太空侵略者》的神经网络玩不了《吃豆人》《蒙特祖玛的复仇》（*Montezuma's Revenge*）或其他雅达利游戏——至少不会比坐在打字机前的猴子玩得更好。迄今为止，研究人员已经尝试了很多方法训练神经网络玩多个游戏，但都没有成功。[1]DeepMind 的另一个著名游戏代理 AlphaGo 的情况也一样。AlphaGo 很擅长玩围棋，但也只能玩围棋。它玩不了其他游戏，连国际象棋也玩不了。[2]

---

[1]　最初的论文为 Mnih et al.（2015）。后来有一些研究试图开发具有通用技能的代理，见 Rusu et al.（2016）。

[2]　AlphaGo 最新的版本是 AlphaZero，使用类似强化学习和树搜索的组合，它不仅能学习玩围棋，还能玩国际象棋以及跟围棋类似的游戏将棋。然而它针对不同游戏训练不同的神经网络，甚至为不同的游戏使用不同的棋盘状态，因此能够玩围棋的神经网络玩不了国际象棋和将棋，见 Silver et al.（2017）。

更通用的游戏代理

让我们回到发展通用人工智能，或者至少在某种程度上来说是通用人工智能的问题。我们花费了大量功夫开发出能够玩单个游戏的 AI 代理，但这样做可能并没有使我们接近目标。往坏了说，甚至可能是往前两步又倒退了一步——我们的资源都用来理解和开发单个游戏的代理，而不是用来开发更通用的人工智能代理。更通用的人工智能代理几乎可以不用再加以培训，就能解决多种不同的任务，例如玩多个不同的游戏。

你要如何确保研究人员开发出能够玩多种游戏的通用代理？可以举办竞赛！我们一群人在 2013 年开始思考通用电子游戏 AI（GVG-AI）竞赛时就是这样想的（见图 9-2）。在这场竞赛中，选手无法针对特定游戏量身定制游戏代理，必须使代理至少具有一定的通用性。要举办这样的竞赛，我们就需要设计比赛，不能让选手知道代理将要玩什么游戏。每次比赛我们都需要没有人见过、玩过的新游戏（即使它们可能与一些知名游戏相似或只是版本不同）。为此，我们需要一种方法能够方便我们开发这些新游戏，因此我们要先设计一种新语言，用于开发经典街机游戏风格的新游戏。汤

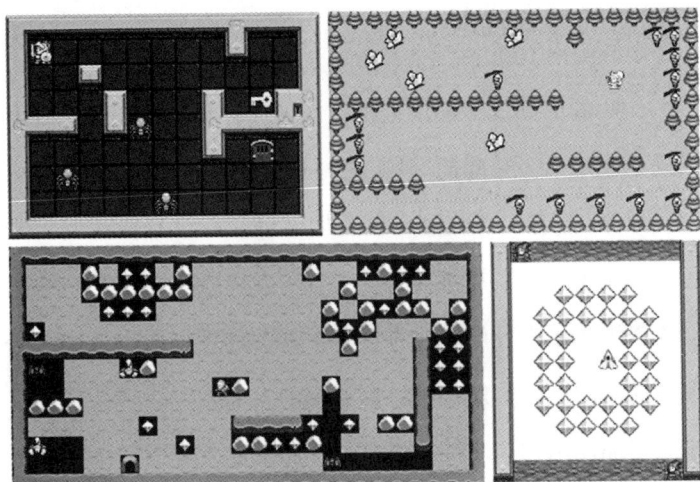

图9-2　GVG-AI框架中的不同游戏:《塞尔达》(*Zelda*)、《蝴蝶》(*Butter-flies*)、《寻宝大进击》(*Boulder Dash*)和《太阳之狐》(*Solar Fox*)。它们的界面相似,代理可以在框架下玩所有的游戏,但是需要的技巧不同。

姆·绍尔(Tom Schaul)率先开发了这种语言,我们将其称为电子游戏描述语言。随后,迭戈·佩雷斯－列瓦纳(Diego Perez-Liebana)率先开发了竞赛软件。

自2014年以来,我们每年都举办GVG-AI竞赛。每次比赛都会在一组10款新游戏中测试所有提交的代理,这些新游戏必须为每场比赛手动调整。迄今为止,竞赛已经开发出了100多种游戏,其中许多是20世纪80年代街机游戏的相似版本或受其启发开发的游戏。在提交游戏代理之后,选手们才会知道他们的代理将在哪些游戏中进行测试，这样做能够确保他们尽力提高代理在玩游戏上的通用性，而不是专注于特定游戏。目前，最优秀的游戏代理能够在一小半现有游戏中获胜，这表明游戏代理仍然具备足够的改进空间。[①]

如果有人开发出一个能够在 GVG-AI 竞赛的所有现有游戏中获胜的代理，那么这个代理能够被称为通用智能吗？很遗憾，还不能。GVG-AI 软件使 AI 代理访问正向模型或游戏模拟器，这样代理就可以通过模拟执行计划时会发生什么来轻松判断你的行动，例如在马里奥 AI 竞赛中获胜的 A *算法代理主要取决于正向模型。作为人类，你在玩经典街机游戏时是无法访问正向模型的，而众所周知，现实世界中没有正向模型。我们正在开发新版本的竞赛，这样代理就不能通过访问正向模型或游戏模拟器来进行训练，它们只有很短的时间来适应每个游戏。另外，当前版本的 VGDL 能够表达的游戏仅限于 20 世纪 80 年代初期的家用计算机游戏或街机游戏，很多其他类型的游戏在那时还没有出现，例如基于文字的游戏。未来，我们希望 VGDL 或某些新的语言能够表达

[①]　描述 GVG-AI 竞赛及其结果的文章见 Perez-Liebana, Samothrakis, Togelius, Lucas, et al.（2016）和 Perez-Liebana, Samothrakis, Togelius, Schaul, et al.（2016）。GVG-AI 还受到早期的游戏竞赛的启发，早期的竞赛主要针对棋盘游戏，相关文章见 Genesereth, Love and Pell（2005）。

更多种类的游戏。我们也希望在将来的某个时候，这些新游戏能够自动生成，从而使我们能够更容易地创建新游戏来测试 AI 代理。

　　尽管 GVG-AI 项目仅仅是解决通用游戏代理问题的一小步，但我确实相信，这对于理解通用智能极为重要。正如书中介绍的，游戏具有惊人的多样性，它们用一种前所未有的方式挑战我们的认知能力，而我们对此才刚有所了解。如果在将来的某个时候，我们开发出一个能够快速学习所有电子游戏的代理，甚至只是设计出一个能够快速玩通最热门的电子游戏的代理（比如 Steam 或 iOS App Store 这些主要游戏发行平台上最热门的 100 种游戏），技术类似于人类，我们就可以认为开发出了通用人工智能。至少，我们在理解什么是智能、什么不是智能上取得了极大的进步。

第 10 章

总　结

这本书到这里就快写完了，这令我感到有一点伤感，也许你也有一点。我花了很多功夫写这本书，很高兴自己完成了这项工作。一切都始于我的猫被重新安置，然后我们探索了游戏设计、智能的定义、狭义和广义（通用）人工智能、自动创造力以及能够了解你是谁、想要什么的游戏等。为了对本书有个整理和总结，我们在这里将重新审视本书开头提出的 3 个观点，并概述书中的讨论如何支持这些观点。

　　游戏是 AI 的未来。游戏为 AI 提供了最佳测试基准，因为游戏设计的目的就是挑战各种不同的人类认知能

力，同时游戏也具有技术上的便利性，并且有助于我们
获得人类数据。我们才刚刚开始涉足基于游戏的 AI 基
准测试。

游戏，尤其是精心设计的游戏，是出色的 AI 标杆，因
为它们旨在测试我们的认知能力。游戏之所以参与其中，部
分是因为它们是特殊的智能测试。自有 AI 研究以来，各种
棋盘游戏就被用作 AI 的测试标准，也取得了里程碑式的成
就，如"深蓝"和 AlphaGo，而这些成就又使棋盘游戏不必
用作未来的 AI 测试。在某种程度上，经典棋盘游戏很简单。
人们的注意力正在转移到电子游戏上，因为电子游戏提供了
不同且更为丰富的挑战。电子游戏具有极强的多样性，因此
Cattell–Horn–Carroll 理论中提到人类广泛的认知能力正受
到电子游戏的挑战。许多电子游戏，包括《星际争霸》之类
的实时策略游戏，由于各种原因（例如分支系数大和隐藏信
息）比任何经典的棋盘游戏都要难得多。但是，仅开发出能
玩好单个电子游戏的代理是不够的。如果我们想要创建更多
的通用人工智能（尽管在智能水平上存在分歧，但大多数人
都认为这是 AI 的主要目标），我们需要创建可以玩任何游戏
的代理。为此，我们需要能够反映电子游戏多样性的标准和

竞赛；为此，我们可能需要生成用于测试和竞赛的游戏，并且至少能够自动生成部分游戏。

　　AI 是游戏的未来。与几年前相比，我们现在已经拥有了更加强大的 AI 方法，我们正在快速学习如何将它们应用到游戏中去。AI 在游戏中的潜在作用远远超过其他技术。我们需要改进游戏设计的思维，充分利用高级 AI 算法的功能，做出新一代 AI 增强型游戏。

学术界正在研究的 AI 方法与大多数游戏中采用的 AI 方法之间存在很大的鸿沟。尽管我们已经有很多控制游戏中 NPC 的复杂技术，但商业游戏开发却仍然缺少通用的 AI 方法。与其他行业相比，游戏设计和开发并没有受当前人工智能热潮的影响。这在很大程度上是因为大多数游戏类型都建立在几十年前制定的设计蓝图上，当时还没有能够用于游戏硬件上的有效 AI。因此，游戏在设计中没有给 AI 预留空间。为了改变这一点并利用现代 AI 技术，我们需要重新思考游戏设计，首先可以思考 AI 扮演的角色。除了标准的 NPC 控制之外，人工智能还有许多未开发的作用，其中尤其突出的一个作用是生成游戏内容。几十年来，过程内容生成已成为

某些游戏的特色，但基于进化算法的新技术却使得过程内容
生成在范围上更广也更可控。玩家建模是 AI 在游戏中的另
一个关键作用。对玩家的喜好和行为进行建模可以使游戏适
应特定的玩家，这预示着未来的游戏可以不断地根据玩家的
行为进行自我改造。它们甚至可能在玩家没有意识到之前就
生成了符合玩家喜好的内容。诸如玩家建模和内容生成之类
的工具对设计人员也很有用，能够让游戏开发更轻松更直
观。但所有这些方法都取决于可以玩大部分游戏的人工智能
代理的开发进度。

　　　　游戏和游戏中的 AI 有助于我们理解智能。学习人
　　类如何玩游戏和设计游戏，我们能够理解人类如何思
　　考；我们可以尝试通过 AI 代理来玩游戏、设计游戏，
　　以便重复这些思考。游戏设计是一门认知科学，学习的
　　是思维——人类思维和机器思维。

有些游戏对于人类来说很容易玩，但对于当前的算法
却很难，反之亦然。我们如何思考，这是一条很重要的信息
源。它告诉我们人类思维方式与现有算法的不同之处，能够
激发我们开发新的 AI 方法。但 AI 能够为我们提供有关思考

的信息不仅限于算法用于玩游戏的背景。设计游戏或用于游戏某一部分的算法可以看作人类创造力的模型。开发用于设计游戏的软件将使我们对目前尚不了解的人类创作过程有所了解。人类和机器设计之间的差异将为我们提供有关此过程的更多信息，并为进一步的创新算法提供思路。

最后，我想重申，本书讨论的所有研究主题都是相互补充的。用于游戏的 AI 和用于研究 AI 的游戏不是同一回事，但是其中一项努力的进步将促进另一项努力取得进步。这个年轻的研究领域还有很多工作要做，在各个方向上都存在大量开放的研究问题。它从根本上来说是一个跨学科研究领域，关心游戏的计算机科学家、认知科学家、设计师和人文科学学者都可以在其中做出贡献。

也许你也可以加入我们！

延伸阅读

我希望这本小书能激发你的兴趣，了解更多有关人工智能的知识，甚至能让你产生涉足这一研究领域的想法。在这本书中，我列出了一些注释，包含了相关的论文，供你参考，你可以在这些论文中找到详细的信息。考虑到你的专业背景，这些论文或多或少都是可读的，你可能还想对某些主题有更多的了解，在此我会提供一些建议。

我和乔治斯·亚纳卡基斯最近出版了一本教科书《人工智能和游戏》（*Artificial Intelligence and Games*，2018年），涵盖的主题与本书大致相同，但涉及了更多的技术方面的内容。你可以阅读这本书，了解我们讨论的算法。这本教科书以计算机科学为背景，包括了人工智能的基础知识。

如果你对第 7 章的主题感兴趣，建议你阅读由努尔·沙克尔、马克·纳尔森（Mark Nelson）和我编辑合著的《游戏中的过程内容生成》（*Procedural Content Generation in Games*，2016 年），该书汇集了十几位该领域知名研究人员的成果，是一本技术性很强的书。

如果你想学习人工智能的基础知识，标准著作是斯图尔特·罗素（Stuart Russell）和彼得·诺维格（Peter Norvig）撰写的《人工智能：一种现代方法》（*Artificial Intelligence: A Modern Approach*，2009 年）。这是一本很好的参考书，内容全面，但并不是说它是目前最易读的书。许多有关人工智能基础知识的在线课程可能在内容上更容易理解。还有一些不错的入门书，介绍了人工智能的某些子领域。弗朗索瓦·肖莱（François Chollet）撰写的《Python 深度学习》（*Deep Learning with Python*，2017 年）介绍了对现代神经网络技术的探索实践。A. E. 埃本（A. E. Eiben）和 J. E. 史密斯（J. E. Smith）合著的《进化计算入门》（*Introduction to Evolutionary Computing*，2003 年）对进化计算进行了介绍和概述，我在书中描述的许多研究都使用了进化计算。除此之外，还有很多关于游戏设计和游戏研究的好书，其中一些是有关游戏设计过程的实操类书，另一些则更偏向于以正式和抽象的方式描述游戏设计的空间。在后一类书中，我在思考人工智能和游戏时发现了两本有意思的书：凯蒂·萨兰·特金巴什（Katie Salen Tekinbaş）和埃里克·齐默曼（Eric Zimmerman）编写的《游戏规则：游戏设计的基础》（*Rules of Play: Game Design Fundamentals*，2004 年）以及乔治·斯卡夫·埃利亚斯（George Skaff Elias）、理查德·加菲尔德（Richard Garfield）和 K. 罗伯特·古切拉（K. Robert Gutschera）撰写的《游戏的特征》（*Characteristics of Games*，2012 年）。除书籍外，汤米·汤普森（Tommy Thompson）还制作了一系列有关 AI 和游戏的视频，可访问 YouTube 和 http://aiandgames.com 观看。

　　和人工智能的其他方面一样，人工智能与游戏领域发展迅速。如果你想了解最新信息，可以阅读以下这些会议的议事日程，它们都是在线免费提供的——IEEE 计算智能与游戏大会（CIG）和 AAAI 人工智能与交互式数字娱乐大会（AIIDE）。此外，数字游戏基金会（FDG）会议及相关研讨会（例如过程内容生成研讨会）也发表了多篇相关论文。另一个重要的出版物是《IEEE 游戏交易》（*IEEE Transactions on Games*），这是一本发表有关 AI 等游戏技术和科学研究论文的期刊。如今，大量论文在发布之前就会上传到 ArXiv 之类的资源库中，因此想要查找在线发布的有趣论文，最佳方法是关注 Twitter 上的研究人员。你可以从关注 @togelius 开始。

参考文献

Boden, M. A. (1991). *The creative mind: Myths and mechanisms*. New York, NY: Basic Books.

Bojarski, S., & Congdon, C. B. (2010). Realm: A rule-based evolutionary computation agent that learns to play *Mario*. In *Proceedings of the 2010 IEEE Symposium on Computational Intelligence and Games* (pp. 83–90). Piscataway, NJ: IEEE.

BBrooks, R. A. (1990). Elephants don't play chess. *Robotics and Autono- mous Systems*, 6(1–2), 3–15.

Browne, C., & Maire, F. (2010). Evolutionary game design. *IEEE Transactions on Computational Intelligence and AI in Games*, 2(1), 1–16.

Browne, C., Powley, E., Whitehouse, D., Lucas, S., Cowling, P., Rohlf- shagen, P., ... Colton, S. (2012). A survey of Monte Carlo tree search methods. *IEEE Transactions on Computational Intelligence and* AI in Games, 4(1), 1–43.

Butler, E., Smith, A. M., Liu, Y.-E., & Popovic, Z. (2013). A mixed-initiative tool for designing level progressions in games. In *Proceedings of the 26th Annual ACM Symposium on User Interface Software and Technology* (pp. 377–386). New York, NY: ACM.

Campbell, M., Hoane, A. J., & Hsu, F.-H. (2002). Deep Blue. *Artificial Intelligence*, 134(1–2), 57–83.

Canossa, A., Martinez, J. B., & Togelius, J. (2013). Give me a reason to dig: *Minecraft* and psychology of motivation. In *Proceedings of the 2013 IEEE Conference on Computational Intelligence and Games* (pp. 1–8). Piscataway, NJ: IEEE.

Carroll, J. B. (2003). The higher-stratum structure of cognitive abilities: Current evidence supports g and about ten broad factors. In H. Nyborg (Ed.), *The scientific study of general intelligence: Tribute to Arthur Jensen* (pp. 5–21) Amsterdam, Netherlands: Elsevier.

Chollet, F. (2017). *Deep learning with Python*. Shelter Island, NY: Manning Publications Company.

Cook, M., & Colton, S. (2011). Multi-faceted evolution of simple arcade games. In *Proceedings of the 2011 IEEE Conference on Computational Intel- ligence and Games* (pp. 289–296). Piscataway, NJ: IEEE.

Cook, M., & Colton, S. (2014). *Ludus ex machina: Building a 3D game designer that competes alongside humans*. Paper presented at the Fifth

International Conference on Computational Creativity, Ljubljana, Slo-venia, June 10–13.

Csikszentmihalyi, M. (1990). Flow: *The psychology of optimal experience.* New York, NY: Harper & Row.

Dahlskog, S., & Togelius, J. (2014). Procedural content generation using patterns as objectives. In *Proceedings of the European Conference on the Applications of Evolutionary Computation* (pp. 325–336). Cham, Switzer- land: Springer.

Darwin, C. (1859). *On the origin of species by means of natural selection, or the preservation of favoured races in the struggle for life.* London: Murray.

Drachen, A., Canossa, A., & Yannakakis, G. N. (2009). Player modeling using self-organization in *Tomb Raider: Underworld. In Proceedings of the 2009 IEEE Symposium on Computational Intelligence and Games* (pp. 1–8). Piscataway, NJ: IEEE.

Eiben, A. E., & Smith, J. E. (2003). *Introduction to evolutionary computing.* Cham, Switzerland: Springer.

Elias, G. S., Garfield, R., & Gutschera, K. R. (2012). *Characteristics of games.* Cambridge, MA: MIT Press.

Genesereth, M., Love, N., & Pell, B. (2005). General game playing: Over-view of the AAAI competition. *AI Magazine*, 26(2), 62.

Hastings, E. J., Guha, R. K., & Stanley, K. O. (2009). Automatic content generation in the Galactic Arms Race video game. *IEEE Transactions* on *Computational Intelligence and AI in Games*, 1(4), 245–263.

Hastings, E. J., & Stanley, K. O. (2010). *Interactive genetic engineering of evolved video game content.* Paper presented at the 2010 Workshop on Procedural Content Generation in Games, Monterey, CA, June 18.

Hodges, A. (2012). *Alan Turing: The enigma.* New York, NY: Random House.

Isla, D. (2005). *Managing complexity in the Halo 2 AI system.* Paper presented at the 2005 Game Developers Conference, San Francisco, CA, March.

Jallov, D., Risi, S., & Togelius, J. (2017). *EvoCommander*: A novel game based on evolving and switching between artificial brains. *IEEE Transac- tions on Computational Intelligence and AI in Games,* 9(2), 181–191.

Karakovskiy, S., & Togelius, J. (2012). The Mario AI benchmark and competitions. *IEEE Transactions on Computational Intelligence and AI in Games,* 4(1), 55–67.

Koster, R. (2005). *A theory of fun for game designers.* Scottsdale, AZ: Paraglyph Press.

Lantz, F., Isaksen, A., Jaffe, A., Nealen, A., & Togelius, J. (2017). *Depth in strategic games.* Paper presented at the AAAI Workshop on What's Next for AI in Games, San Francisco, CA, February 4. http://movingai. com/ aigames17/slides/depth.pdf

Legg, S., & Hutter, M. (2007). Universal intelligence: A definition of machine intelligence. *Minds and Machines*, 17(4), 391–444.

Liapis, A., Yannakakis, G. N., & Togelius, J. (2013). Sentient Sketchbook: Computer-aided game level authoring. In *Proceedings of the Eighth International Conference on the Foundations of Digital Games* (pp. 213– 220). Santa Cruz, CA: Society for the Advancement of the Science of Digital Games.

Loiacono, D., Lanzi, P. L., Togelius, J., Onieva, E., Pelta, D. A., Butz, M. V., ... , Quadflieg, J. (2010). The 2009 Simulated Car Racing Championship. *IEEE Transactions on Computational Intelligence and AI in Games*, 2(2), 131–147.

Machado, T., Nealen, A., & Togelius, J. (2017). CICERO: Computationally Intelligent Collaborative EnviROnment for game and level design. Paper presented at ICCC Computational Creativity & Games Workshop, Atlanta, GA, June 19–23. http://computationalcreativity.net/iccc2017/CCGW/CCGW17_paper_1.pdf

Mahlmann, T., Drachen, A., Togelius, J., Canossa, A., & Yannakakis, G. N. (2010). Predicting player behavior in *Tomb Raider: Underworld. In Proceedings of the 2010 IEEE Symposium on Computational Intelligence and Games* (pp. 178–185). Piscataway, NJ: IEEE.

Malone, T. (1981). *What makes computer games fun?* Paper presented at the Joint Conference on Easier and More Productive Use of Computer Systems, Ann Arbor, MI, May 20–22.

Millington, I., & Funge, J. (2009). *Artificial intelligence for games.* Boca Raton, FL: CRC Press.

Mnih, V., Kavukcuoglu, K., Silver, D., Rusu, A. A., Veness, J., Bellemare, M. G., ... , Hassabis, D. (2015). Human-level control through deep reinforcement learning. *Nature*, 518(7540), 529–533.

Nielsen, T. S., Barros, G. A., Togelius, J., & Nelson, M. J. (2015). Towards generating arcade game rules with VGDL. In *Proceedings of the 2015 IEEE Conference on Computational Intelligence and Games* (pp. 185–192). Piscataway, NJ: IEEE.

Ontanón, S., Synnaeve, G., Uriarte, A., Richoux, F., Churchill, D., & Preuss, M. (2013). A survey of real-time strategy game AI research and competition in *StarCraft*. *IEEE Transactions on Computational Intelligence and AI in Games,* 5(4), 293–311.

Orkin, J. (2006). *Three states and a plan: The AI of F.E.A.R.* Presentation given at Game Developers Conference 2006, San Jose, CA, March 20–24.

Pedersen, C., Togelius, J., & Yannakakis, G. N. (2010). Modeling player experience for content creation. *IEEE Transactions on Computational Intelligence and AI in Games,* 2(1), 54–67.

Perez-Liebana, D., Samothrakis, S., Togelius, J., Lucas, S. M., & Schaul, T. (2016). General video game AI: Competition, challenges, and opportu- nities. In *Proceedings of the 30th AAAI Conference on Artificial Intelligence* (pp. 4335–4337). Palo Alto, CA: AAAI.

Perez-Liebana, D., Samothrakis, S., Togelius, J., Schaul, T., Lucas, S. M., Couëtoux, A., ... Thompson, T. (2016). The 2014 General Video Game Playing Competition. *IEEE Transactions on Computational Intelligence and AI in Games*, 8(3), 229–243.

Russell, S., & Norvig, P. (2009). *Artificial intelligence: A modern approach* (3rd ed.). London, UK: Pearson.

Rusu, A. A., Rabinowitz, N. C., Desjardins, G., Soyer, H., Kirkpatrick, J., Kavukcuoglu, K., ... Hadsell, R. (2016). *Progressive neural networks.* https://arxiv.org/abs/1606.04671

Salen, K., & Zimmerman, E. (2004). *Rules of play: Game design fundamentals.* Cambridge, MA: MIT Press.

Samuel, A. L. (1959). Some studies in machine learning using the game of checkers. *IBM Journal of Research and Development,* 3(3), 210–229.

Schaeffer, J., Burch, N., Björnsson, Y., Kishimoto, A., Müller, M., Lake, R., Lu, P., and Sutphen, S. (2007). Checkers is solved. *Science*, 317(5844), 1518–1522.

Schmidhuber, J. (2006). Developmental robotics, optimal artificial curiosity, creativity, music, and the fine arts. Connection *Science*, 18(2), 173–187.

Shaker, N., Shaker, M., & Togelius, J. (2013). Evolving playable content for cut the rope through a simulation-based approach. In G. Sukthankar & I. Horswill (Eds.), *Proceedings of the 9th AAAI Conference on Artificial* Intelligence and Interactive Digital Entertainment (pp. 72–78). Palo Alto, CA: AAAI.

Shaker, N., Togelius, J., & Nelson, M. J. (2016). *Procedural content generation in games.* Cham, Switzerland: Springer.

Shaker, N., Yannakakis, G. N., & Togelius, J. (2010). Towards automatic personalized content generation for platform games. In G. M. Young-blood & V. Bulitko (Eds.), *Proceedings of the 6th AAAI Conference on Artificial Intelligence and Interactive Digital Entertainment* (pp. 63–68). Palo Alto, CA: AAAI.

Silver, D., Huang, A., Maddison, C. J., Guez, A., Sifre, L., Van Den Driess-che, G., ... , Hassabis, D. (2016). Mastering the game of Go with deep neural networks and tree search. *Nature*, 529(7587), 484–489.

Silver, D., Hubert, T., Schrittwieser, J., Antonoglou, I., Lai, M., Guez, A., ... , Hassabis, D. (2017). *Mastering chess and Shogi by self-play with a general reinforcement learning algorithm.* https://arxiv.org/abs/1712.01815

Smith, A. M., & Mateas, M. (2010). Variations forever: Flexibly generating rulesets from a sculptable design space of mini-games. In *Proceedings of the 2010 IEEE Symposium on Computational Intelligence and Games* (pp. 273–280). Piscataway, NJ: IEEE.

Smith, A. M., & Mateas, M. (2011). Answer set programming for procedural content generation: A design space approach. *IEEE Transactions on Computational Intelligence and AI in Games,* 3(3), 187–200.

Smith, G., Whitehead, J., & Mateas, M. (2011). Tanagra: Reactive planning and constraint solving for mixed-initiative level design. *IEEE Transactions on Computational Intelligence and AI in Games*, 3(3), 201–215.

Stanley, K. O., Bryant, B. D., & Miikkulainen, R. (2005). Real-time neuroevolution in the NERO video game. *IEEE Transactions on Evolutionary Computation*, 9(6), 653–668.

Sweetser, P., & Wyeth, P. (2005). GameFlow: A model for evaluating player enjoyment in games. *Computers in Entertainment*, 3(3). doi:10 .1145/1077246.1077253

Tekofsky, S., Van Den Herik, J., Spronck, P., & Plaat, A. (2013). *Psyops: Personality assessment through gaming behavior.* Paper presented at the Eighth International Conference on the Foundations of Digital Games, Chania, Crete, Greece, May 14–17.

Tekofsky, S., Spronck, P., Goudbeek, M., Plaat, A., & van den Herik, J. (2015). Past our prime: A study of age and play style development in *Battlefield 3. IEEE Transactions on Computational Intelligence and AI in Games*, 7(3), 292–303.

Togelius, J., De Nardi, R., & Lucas, S. M. (2007). Towards automatic personalised content creation for racing games. In *Proceedings of the 2007 IEEE Symposium on Computational Intelligence and Games* (pp. 252–259). Piscataway, NJ: IEEE.

Togelius, J., Lucas, S., Thang, H. D., Garibaldi, J. M., Nakashima, T., Tan, C. H., ... , Burrow, P. (2008). The 2007 IEEE CEC simulated car racing competition. *Genetic Programming and Evolvable Machines*, 9(4), 295–329.

Togelius, J., Preuss, M., Beume, N., Wessing, S., Hagelbäck, J., Yannakakis, G. N., Grappiolo, P. (2013). Controllable procedural map generation via multiobjective evolution. *Genetic Programming and Evolv- able Machines,* 14(2), 245–277.

Togelius, J., & Schmidhuber, J. (2008). An experiment in automatic game design. In *Proceedings of the 2008 IEEE Symposium On Computational Intelligence and Games* (pp. 111–118). Piscataway, NJ: IEEE.

Togelius, J., Yannakakis, G. N., Stanley, K. O., & Browne, C. (2011). Search-based procedural content generation: A taxonomy and survey. *IEEE Transactions on Computational Intelligence and AI in Games*, 3(3), 172–186.

Treanor, M., Zook, A., Eladhari, M. P., Togelius, J., Smith, G., Cook, M., ... , Smith, A. (2015). *AI-based game design patterns.* Paper presented at the Tenth International Conference on the Foundations of Digital Games, Pacific Grove, CA, June 22–25. http://www.fdg2015.org/papers/fdg2015_paper_23.pdf

Turing, A. M. (1950). Computing machinery and intelligence. *Mind*, 49, 433–460.

Turing, A. M., Bates, M., Bowden, B., and Strachey, C. (1953). Digital computers applied to games. In B. V. Bowden (Ed.), *Faster than thought: Symposium on digital computing machines* (pp. 286–310). London, UK: Pitman.

Vygotsky, L. (1978). Interaction between learning and development. In M. Gauvain & M. Cole (Eds.), *Readings on the development of children* (pp. 34–40). New York, NY: Scientific American Books.

Yannakakis, G. N., & Togelius, J. (2011). Experience-driven procedural content generation. *IEEE Transactions on Affective Computing*, 2(3), 147–161.

Yannakakis, G. N., & Togelius, J. (2018). *Artificial intelligence and games.* Cham, Switzerland: Springer. http://gameaibook.org

Yee, N., Ducheneaut, N., Nelson, L., & Likarish, P. (2011). Introverted elves and conscientious gnomes: The expression of personality in World of *Warcraft* . *In Proceedings of the SIGCHI Conference on Human Factors in Computing Systems* (pp. 753–762). New York, NY: ACM.

© 民主与建设出版社，2021

图书在版编目（CIP）数据

人工智能如何玩游戏 / (美) 朱利安·图吉利斯著；
翟文译 . — 北京 : 民主与建设出版社，2021.7
书名原文 : Playing Smart: On Games,
Intelligence, and Artificial Intelligence
ISBN 978-7-5139-3711-5

Ⅰ . ①人… Ⅱ . ①朱… ②翟… Ⅲ . ①人工智能—应
用—网络游戏 Ⅳ . ① G898.3

中国版本图书馆 CIP 数据核字 (2021) 第 219902 号

本书简体中文版由银杏树下（北京）图书有限责任公司出版。
版权登记号：01-2021-5899

人工智能如何玩游戏
RENGONGZHINENG RUHE WANYOUXI

著　者	〔美〕朱利安·图吉利斯	译　者	翟　文
筹划出版	银杏树下	出版统筹	吴兴元
责任编辑	王　颂　郝　平	特约编辑	方　丽
封面设计	墨白空间·曾艺豪	营销推广	ONEBOOK

出版发行　民主与建设出版社有限责任公司
电　　话　（010）59417747　59419778
社　　址　北京市海淀区西三环中路 10 号望海楼 E 座 7 层
邮　　编　100142
印　　刷　北京天宇万达印刷有限公司
版　　次　2021 年 12 月第 1 版
印　　次　2021 年 12 月第 1 次印刷
开　　本　889 毫米 ×1194 毫米　1/32
印　　张　6.25
字　　数　95 千字
书　　号　ISBN 978-7-5139-3711-5
定　　价　45.00 元

注：如有印、装质量问题，请与出版社联系。